冼夫人

成功密码

刘黎平 著

SPM
南方传媒　广东人民出版社

·广州·

目录

导语

如果要给这几十年来的"热词"定一个总的排行榜,"成功"一词无疑会居于榜首。绝大部分人,都渴望成功。然而,我们在励志的道路上树立的一尊尊偶像,很多都让自己一次次被"打脸"。在一回回失望的叹息声中,我们思索一连串的问题:为什么现在很多的成功易破易碎?到底怎样的成功才是永恒的成功?到底怎样的成功人士才是真正的常青树?

有没有一位这样的成功女子,从生活到事业,从开端到结局,从生前到身后,都是完美的人生赢家?她既享受过岁月静好的温柔,又亲历过历史变迁的风云,于事业则堪称豪杰,于家庭则恩爱美满,于子孙则福祚绵长,于天下则足为楷模。她在当时受大众的敬仰,千百年来谁也找不到关于她的瑕疵,完美高大的形象丝毫不被历史的风霜所侵蚀,一直稳稳地处在被膜拜的位置。

作为人生赢家,她必须是无瑕的,必须是永久的,不容许有一丝丝的遗憾和欠缺。

翻遍历史典籍,穷索过往记录,在中华大地上,在五千

年的时间长河里，我不停寻找。

我反复阅读过武则天的事迹，一代女皇，缔造盛世，可与秦皇汉武比肩的"霸道女总裁"，可惜在奋斗的路途上，总不免带有丝丝血腥，称不上尽善尽美。

我瞩目过撑起宋代词坛半边天的李清照，固然才华不输苏轼、陆游，然而就个人遭际而言，她经历了凄风苦雨、人世漂泊。文学于她很青睐，命运却于她很残酷，她无疑是诗词的圣手，但如果说她是人生赢家，却谈不上。

我曾为金戈铁马、征战南北的秦良玉而热血沸腾，她以神勇和担当，为大明的天空升起最后一抹绚丽的晚霞，然天命难违，无力扭转乾坤，满头银丝的秦良玉最终湮没在无可奈何花落去的历史浪潮中。

我也对吟山咏絮、才思无双的谢道韫膜拜不已，她以睿智和才华，展现了中华女子的璀璨之美。然她所托非人、所遇多难，当读到她拼着衰老之躯和乱徒搏斗的故事时，我们为之感动，又不免心生怜悯。

还有为大秦帝国打下坚实基业的宣太后，辛劳一生的黄道婆……

这些中华民族史上的优秀女性，在让人敬仰的同时，也会让人生出一丝丝遗憾：如果她们的命运还能在某些方面得到一些弥补就更完美了。

在中华古代的巾帼英雄当中，到底有没有一位全方位无死角的人生赢家？

顺着历史的记录，我把眼光投向中国的南方。时间则定在公元 6 世纪到 7 世纪。在今天的粤西一带，有这么一位女性，她的一生以及身后，无论风云怎么变幻，无论时代的标准如何变动，她都可以被认定为中华英雄，也可以被视为人生赢家，是当之无愧的成功女性。随着时间的流逝，她的形象只会更加灿烂夺目。

历史本来对她没有格外青睐，她身在当时比较偏僻的角落，她的舞台相对狭小，能被历史伟业选中的概率本该相当低。南朝的统治中心、国都建康城（亦称石头城）于她似乎很遥远，大兴城跟她更加没关系，但她却赢得了中原政权的尊重，皇帝赐予最高的礼仪，朝廷给予最大的荣耀，好几部正史都载有其传记，《资治通鉴》也收录了她的事迹言行。

　　从公元 6 世纪中叶到 7 世纪之初，发生了几次影响中国历史走向的重大转折事件，她均参与其中，并且起到比较重要的作用，朝代更替的进程绕不过她，甚至南朝未来的天子也率军与其会师。中国史上的第二次大一统，没有她也难以顺利完成收尾工程。在以中原豪杰为主的历史舞台上，她争得了一个重要的角色。虽说不能和隋文帝、唐太宗并列，但至少是一颗光芒闪耀的巨星。

　　她处在一个南北分裂、风云动荡的时代，政权更迭频繁，很多人物在刷一下存在感之后就化为烟云，甚至跌落无底深渊，成为笑柄。在这种变幻莫测的大背景之下，能否做出正确的选择，相当考验一个人的智慧和运气，哪怕很多见惯大场面的英雄豪杰，也因一时的犹豫或者迷惑，跌入身败名裂的大坑。她却每一次都能做出完美的抉择，不仅于自身和家族可算是最佳的选择，而且还符合正义和大义。

　　她居于时代旋涡的中心，整个家族也被裹挟其中，甚至屡次面临生死存亡的抉择时，她和她的家人从未闪躲过，每一回都是迎着险恶的风浪奋勇而上，建功立业。同时，又能获得个人和家族的平安，并未为丰功伟绩付出惨痛代价。她可以冲杀疆场，也可以岁月静好；她可以栉风沐雨，又可以鲜花满头。她的功勋如此卓著，她的幸福如此长久，这样的奇迹实在难以复刻，尤其在那个风雨飘摇、干戈遍地的时代。

她是谁?

她就是冼夫人。

中国巾帼英雄第一人!

这是周总理对她的赞誉。

　　冼夫人是南北朝至隋朝之际的岭南女首领、俚族的慈母，中华女英雄。在南北纷争的动荡年代，她建立了不朽的功勋，开创了伟大的事业，又获得了幸福的生活，享有流传后世的好名声。她是最伟大的女性之一，也是最幸福的妻子、母亲和祖母。她的人性比武则天温暖，她的人生比李清照幸福，她的家庭比谢道韫美满，而且还长寿。她居中国南方一角，其光辉却照耀着长达上千年的历史进程。

　　这样的典范，于当下的成功学而言，是一个完美的定义，也是一个观念的纠偏。当代的不少"成功人士"，因缺乏对"成功"的正确而全面的认知，往往随着时代的发展而被淘汰甚至被唾弃，方才还鲜花掌声，转眼便身败名裂。

　　为了揭示冼夫人的成功密码，理解冼夫人的所作所为，我们有必要先对其一生进行一次复盘。

每一个时代，都藏着人类命运的密码。

要了解一个历史人物，必须去了解他所处的时代，尤其是了解他所处时代的复杂性，以及面对复杂的时代，他的复杂心理和艰难抉择。

因此，为了能够体验冼夫人所在年代的混乱状况，理解冼大人在那样一个历史背景下做出选择的难度，我们不妨先还原一下南北朝时期中国社会的各种乱局，也就是进行一次复盘，让大家更细致地去了解历史，去理解冼夫人。

第一章

时代密码

直己以行义，何忧惧乎

如果用心去了解一下冼夫人所处的时代，而且站在冼夫人的角度，你很可能会倒抽一口凉气。

那个时代不容易，不只是战乱与生存的不容易，更是选择的不容易，看清方向的不容易。

方向错了，怎样努力都是错的，而且越努力越失败，错得越离谱。要想方向不错，就要在错综迷离的局面中判断大局如何，善于审时度势，找出正确的道路在哪里。

不善于审时度势，可以说是越努力越死得快、死得惨，对于个人来说危害尚轻，而对于一个家族、一个地方来说，那代价就要以几何级数来计算了。

偏偏冼夫人所在的那个时代，就是一个最难判断方向的时代。因为南北分裂，南朝和北朝各自内部也是分裂的，各种政变此起彼伏，各种兵乱应接不暇。现在看史书都让人喘不过气来，遑论处在那个时代的人，更何况冼夫人还是在当时信息比较闭塞的岭南地区，要做出一次次准确的判断，真的很考验冼夫人的水平。

时代复盘：南北朝变更令人无所适从

南北朝时期的乱，基本上超出人类想象极限。

我们站在冼夫人的角度，先把历史梳理一遍，了解一下当时的政治局势。

首先是公元 317 年，西晋灭亡，政权东渡，晋元帝司马睿建立东晋。当时司马家和琅琊王家共同建立这个偏安的政权，叫作"王马共天下"。这时候的北方且不细说，简而言之就是乱成了一锅粥。

南方呢，不是说东晋建立了，整个南方真的就归晋了，整个南方就是一盘棋了。没那么容易。晋朝政权到了南方，但是南方并不一定配合。首先，晋元帝刚刚定都建康，坐镇了好几个月，居然没有一个江南地区的士人和老百姓来朝见，其尴尬程度可想而知。虽然是西晋官吏，但是出身南方的周玘，就带兵和东晋对着干，周玘死后，其儿子周勰继续。而残留在北方长安的晋愍帝政权，也和南方的晋王朝有军事摩擦。

除了江南土著和东晋朝廷不好对付，共同维持江南的"王马"也矛盾重重。

公元 322 年，东晋建立才五年左右，王家的王敦就从武昌出发，直下长江，攻占建康，把晋元帝司马睿弄成了一个空架子，最后把司马睿活活气死。本来说好的"王马共天下"，变成了王敦坐天下，南朝的政局第一次出现迷离的景象。

王敦病死，不过三年，苏峻就来了。公元 327 年，地方将领苏峻叛乱，次年也攻破了建康城，东晋再度命悬一线。如果不是苏峻鲁莽披挂出阵，导致兵败被斩首，东晋说不定那个时候就结束了自己的历史进程。

苏峻才毙命，桓温又来了。公元 371 年，桓温带兵进京，废了东晋皇帝司马奕，立司马昱为皇帝。桓温的这一通操作，震动南北，连北方的政权都以为晋朝要改换乾坤了。还好，桓温最终也没能成功。

接下来，公元 399 年，孙恩、卢循起义，规模之大，丝毫不在王敦、桓温和苏峻之下，兵锋所至，一度逼近建康。

东晋的乱局虽然没有消停过，但还不至于让那些忠诚度高的仁人志士迷失方向，因为东晋作为正统，还是得到公认的。即使是占据北方的其他各族政权，也口口声声念叨着东

晋是正统。例如北方氐族人建立的政权——前秦，其军师
王猛，在临终前对前秦的皇帝苻坚说："南边的晋朝是正统，
陛下千万不要去讨伐。"

即使在苻坚因为要南下而和朝臣争辩时，也有臣子说：
"天命在江东晋朝，我们不能讨伐。"

哪怕当时已经在北方割据的冉魏政权，也最终把传国玉
玺送给了南方的东晋。

在公元 420 年之前，东晋虽然只能控制江淮以南，但还
是举世公认的正统。

所以，假设冼夫人生活在东晋时代，可以确定，她会毫
不犹豫地支持东晋。

然而，接下来的局面就有点迷糊了。

因为南朝政权开始进入频繁更替模式，作为局中人，极
有可能无法分辨正统与非正统所在。

东晋以后的朝廷更替，大概线索如下：

公元 420 年，刘裕取代东晋，建立宋朝。当然，这不是
赵匡胤建立的宋朝，而是南朝宋，或者称刘宋。

公元 479 年，萧道成取代刘宋，建立南齐。

公元 502 年，萧衍废除南齐，建立南梁。

在冼夫人出生之前，南朝的政权走马灯一样更换，可以

说，洗夫人生逢乱世。

之所以把这段时期的政局这么捋一遍，其实是为了告诉大家，洗夫人做出抉择的难度该有多高，考验该有多大。

她带领岭南地方，该选择谁？

先看看洗夫人的家世情况。

洗夫人家族在岭南是显族，世代是地方首领，洗夫人也就理所当然成为一方首脑。而当时也有一些世居岭南的汉人官吏世家，例如北燕皇族世家的后裔冯融，任罗州刺史，甚有名望。然苦于当地土著和冯家素不相识，号令难以畅达，治理颇有阻力。听说洗家有个女儿为人贤能，很有组织管理能力，岭南远近顺服，冯融便为自己的儿子、任高凉太守的冯宝提亲。关于两家的家族史，本书后面还会详细介绍。

洗夫人年轻的时候就显示出非凡的组织能力，一向从严治族，法令面前人人平等，不管谁人违法，都严惩不贷。她的哥哥洗挺是当地势力，喜好掠夺，地方苦不堪言，洗夫人也经常予以劝阻，因此她的部族被她管理得服服帖帖。冯家娶上这样的媳妇，也为岭南的太平繁荣，增加了砝码。

然而，小地方治理得好，未必就能在大时代的旋涡中独善其身，冯宝冼夫人夫妇不久就面临重大的时代考验、选择考验。

冼夫人所处的时代正是南梁梁武帝萧衍当政时期，南方基本上还算稳定，歌舞升平，五谷丰登，同时大规模建佛庙，诚如杜牧诗云："南朝四百八十寺，多少楼台烟雨中。"其实，南朝的寺庙成千上万，岂止"四百八十寺"。

然而，这种和平并不稳固。因为，一个叫侯景的军阀来了。

侯景在很大程度上改写了南北朝历史，也间接给冼夫人出了一道难题。因为侯景发动叛乱时形成了碾压一切的局面，似乎可以对南梁王朝取而代之。

侯景本来是北方的军阀，相传为羯族人，隶属于北魏，凶残狡诈，同时又善于用兵，也算是一代枭雄。侯景在北方的种种行径这里不多叙述，只讲他在南方的所作所为。

侯景失去了北方王朝的信任，于公元 547 年南下投奔南梁。梁武帝想要借重侯景这位能征善战的骁将来北伐一统天下，于是委以重任，让他统率边境河南河北的兵马，以南豫州牧的身份镇守寿阳。

事实证明，侯景北伐的本事不咋样，屡屡吃败仗，但发动内乱的本事可谓南北两地排第一，投靠谁，谁就头大，甚至丧命，专杀义父，做人的风格与吕布有得一拼。

侯景在南方没坐多久，又开始制造麻烦，第二年就率兵八千多人，从寿阳出发，向建康进军。侯景发动叛乱倒是有一手，区区几千人马，避实就虚，专走小路，绕过梁朝的军事要地，加上内部奸细的配合，侯景的那一小股军队居然很快就兵临建康城下。

公元 549 年，侯景大军攻破梁武帝的皇宫，活活饿死 86 岁的梁武帝，然后把持朝政，废立皇帝，俨然已成南朝的实际掌控者。

侯景劫持南梁，是历史给冼夫人出的第一个难题。

趋势复盘：时代是个盲盒，下一个主角是谁

消息传到岭南的时候，是公元 550 年，当时梁武帝已死，建康城已经在侯景的掌控之下，也就是说，侯景已经是实质上的南朝掌权人，按照以往刘裕、萧道成、萧衍的经验，一个新的正统王朝就要建立起来。岭南地方该隶属于谁，似乎悬念不大，只要静止不动，听着建康方面传来号令即可。

我们现在读历史，面对已成定局的历史，可以站在所谓

的"上帝视角",一切都是已知的,知道侯景的叛乱会被平定,再过一段时间,南边政权归于陈霸先,岭南归属于新建立的陈朝。

然而,设身处地想一想,如果你是冼夫人,当时一切都是未知的,你正面临梁朝风雨飘摇的局面,形势的天平朝着侯景一方倾斜,侯景是不是又一位萧道成或萧衍?是跟着侯景走,还是保持对旧有梁朝的忠心,或者期待新的朝廷出现?要下好这一步棋,谈何容易!

侯景当时势力之大,从他和梁武帝的一番对话可想而知。侯景攻破梁朝皇宫的时候,去和梁武帝见了一面。

梁武帝问他:"你南下的时候,有多少人?"

侯景答:"一人。"

梁武帝问:"你起兵谋反的时候,有多少人?"

侯景答:"千人。"

梁武帝问:"你攻打建康城的时候,有多少人?"

侯景答:"十万人。"

梁武帝问:"你现在有多少人?"

侯景的回答很霸气:"率土之内,莫非己有。"

意思是说,整个四海之内,都是我的。

既然是"率土之内",那么岭南应该就在这个范围之内。

侯景会不会是新的南朝皇帝,就当时的力量对比而言,可能性很大。

　　这是一个无法回避的问题，果然不久，侯景叛乱的影响波及了岭南，洗夫人家族正面临难关。

事件复盘：风云乍起，何去何从

　　公元 550 年，梁武帝去世的第二年，高州刺史李迁仕据守大皋口（今江西境内），向高凉郡太守冯宝发出了邀请：冯大人，当今形势想必有所耳闻，侯景起兵，攻陷京城，建康形势大乱，皇上遇难，天下糜烂，当此非常之际，请赶紧前来与我共商大计。

　　冯宝接到李迁仕使者，听闻建康城形势，可谓心急如焚，天子遇难，臣子为之赴汤蹈火，必是在所不辞。冯宝是在南朝的京师念过太学的，少年时代建康城的繁华历历在目，如今记忆犹新，作为一个讲道义的人，此刻不免感今怀昔，痛心疾首。

　　打发走李迁仕的使者之后，冯宝转而和洗夫人商量。

　　"夫人，朝廷有难，愚夫寝食难安，受朝廷恩德，受天子恩赐，今日石头城残破之际，我不敢坐视不管，须赶紧和李刺史商量应对之计。"

冯宝满以为夫人会全力支持他，然而，冼夫人却说：
"夫君，此番去不得。"

"朝廷如今处于水深火热之中，臣子赴难理所当然，夫人何以说我去不得？"

冼夫人让夫君坐下，不慌不忙地给他分析。

"李迁仕此番命夫君前去，不是要去勤王救难，而是要拉你下水。"

冯宝大吃一惊，问："夫人何以这么说，有什么征兆吗？"

冼夫人一笑，镇定自若地说："朝廷有难，臣子千里勤王，那是天经地义的。可是，夫君你想想，石头城下诏命李迁仕前去救驾的时候，他却在高州城一动也不动，还装病推脱，这安的是什么心？哪有一介臣子为朝廷分忧解难的样子？"

冯宝一听，眉头微皱。

"他不仅抗旨不去石头城救驾，而且还关起城门，干自己的私活。"

"李大人干了什么私活？"

"根据我手下的探报，李迁仕躲在高州城里打造兵器，还聚集人马。按照常规，朝廷征集地方勤王，地方上的刺史、太守应该是马上行动起来，即刻北上，如果还要打造好兵器之后再奔赴国难，那根本就是别有所图了。"

"难道李迁仕他要……"冯宝的眉头皱得更紧了，有一个词，他想说出口，但又不敢说出口。

"谋反。"冼夫人替冯宝说出了这个词，接着分析道："都已经明目张胆地抗旨了，那不是谋反是什么？此番他召你去，无非就是眼馋我们手里的人马，把你扣押住了，然后向我们索要兵马，把我们裹挟进去，为他的谋反增添力量，所以说，夫君你万万去不得。"

听到这里，冯宝冷汗淋漓。

此时的岭南上空，一轮明月如霜，冯宝立于月色中，渐渐冷静下来，他看看冼夫人，长叹一口气："夫人明鉴，预知他李迁仕会作乱，但人家兵强马壮，亦非等闲之辈，我们该如何应付？"

冼夫人眼眸澄澈，如天上的月魄，她只说了一句："静观其变。"

换成现在的说法就是——等待。

侯景之乱，可以说是冼夫人坐镇高凉郡以来面临的第一道考验，而且也是最严酷的考验。这张试卷做不好，很有可能对岭南苍生造成极其不利的影响，更不用说冼氏家族和冯氏家族了。

冼夫人做出了决定：第一步，拒不听命；第二步，按兵不动。

拒不听命的理由就是：朝廷正在危亡之际，江东正在混乱之中，作为旁观者，要做的就是不要莽撞地立于危墙之下，更不要乱上添乱。

不管侯景后来会不会真的成为南朝的实际统治者，会不会建立一个新的正统王朝，但至少就目前而言，他还是一股叛乱力量，各地并没有臣服于他。正统王朝建立的标志之一就是统治者能够有效控制局面，但当时的侯景还远没有达到这个地步。那么，此时加入叛乱队伍，那就是将自己立于不义之地，立于不义之地即立于危墙之下。虽然侯景正在得逞之际，但离王朝君主之位还有一定距离。

冼夫人劝夫君静观局势，并非要做墙头草，见风使舵，而是要坚守忠诚的原则，冷静行事。当局势乱了，也许你没有能力平乱，或对混乱的局面一时无可奈何，但至少不能跟着乱。立场一乱，判断就乱，判断一乱，全盘皆输。

有一些乱象往往会披着大势所趋的假象，更会激发一些人的投机心理。所以，不管外界如何忙乱，自己要做到不乱，切忌跟着起哄、被带节奏，而应该先等一等、看一看，等浮尘喧嚣沉下去之后，再做决定。

冼夫人在乱世当中，在大局还没有确定的时候，首先能做到的就是：不被带节奏。

三国名将张辽在一次带兵时军中忽有谋反者起事骚动，深夜军营起火，将士们慌乱不已，张辽却命令说："各部将士各安其位，坐着不要动，反叛之人想借此惑乱众人而已。"果然，大家各安其分之后，军营里就平静了下来，那些煽风点火的乱徒就自动暴露了，然后被张辽绳之以军法。

在对待乱局这一方面，冼夫人便有如此大将之风。

而所谓大将之风，就是大事临头不慌张，先等一等，留出判断的时间。诚如苏洵的《心术》所言："泰山崩于前而色不变，麋鹿兴于左而目不瞬，然后可以制利害，可以待敌。"

和冼夫人很相似的一个人物就是东汉末年的田畴。田畴是幽州剑客，一代名流，他身处乱世，所在地区数次易主。田畴受当时的幽州牧刘虞之命前往长安，回来的时候却已经是公孙瓒坐镇。没过多久，公孙瓒的地盘又被袁绍夺取。河北一带，走马灯一般换政权。田畴为了让当地百姓能在军阀混战的缝隙中求得生存，于是带领几万乡亲，住在地理相对封闭的无终山，以儒家礼仪约束，埋头从事农耕，同时积极进行军事训练。田畴将无终山打造成一方人间乐土，四方闻风羡慕，面对纷纷攘攘的军阀，无终山谁也不归属，只是一面自强，一面静观，一直到曹操平定北方，田畴和无终山的百姓才有了明确归属。

冼夫人的做法和田畴相似，在公认的政权还没有确立之前，先安守准备，不贸然偏向作乱的一方，等到拨云见日之时，才确定归属。

李迁仕向冯宝发出邀请之后的几天里，各路消息纷至沓来，一会儿说侯景登基为皇帝，一会儿说各地勤王兵马正在汇集，真正是一夕数变，人心惶惶。

冼夫人继续等。

果然，李迁仕叛乱的消息被坐实。

李迁仕给冯宝捎来口信："天命已变，梁朝气数已尽，侯公不世之英雄，终当应天命，登大位。"

与此同时，李迁仕派遣部将杜平虏北上灨石（《隋书》用"灨"，《北史》和《资治通鉴》用"赣"，这里姑且用"灨"），和叛军会师。

李迁仕分明没有放弃将冯宝夫妇视为盟友的想法，毕竟这么一股强劲的地方力量，如果能拉拢过来，必定能为其谋反大计注入有生力量。

冯宝接到口信，勃然大怒，发誓要与逆贼势不两立，然而，冼夫人制止了他，她劝谏冯宝说："虽然我们不能卷入叛乱，但也不能激怒对方，先稳住李迁仕，切勿现在与他翻脸。"

不跟敌人翻脸，其实就是给敌人上当的机会，过早撕破脸，很多计谋就没法用了。

冼夫人如此行事，就是为了实施下一步：挫败其阴谋。

冼夫人说："虽然李迁仕反形已具，还是要去和他见一面。没见这面，就没法行事。"冯宝说："此去凶多吉少，我定会小心防备。"

冼夫人却说："未必，李迁仕的主力已经北上，他所在驻地兵力空虚，我们一去，反而是趁虚而入。"然后哈哈大笑说道："凶多吉少的应该是他李迁仕才对。"

冯宝听了，沉思一番，说："天下纷乱，大丈夫应当其任，夫人但守高凉郡，安抚诸部，我此去会一会李迁仕，即使凶多吉少，为朝廷肝脑涂地也在所不惜。"

"不，夫君你不用去，我去便是。"

冯宝大惊，说："此事攸关我高州乃至岭南生死，我作为大丈夫不去，反而让夫人一介女流去，若让天下人闻说，岂不笑我冯宝懦弱无能。"

冼夫人则说："我去，比夫君去更好。夫君是男子，此一去十有八九一句不合会兵刃相见，李迁仕也会防范，而我是一介妇人，李迁仕听了，必定大意而不设防备，到时候见机行事，猝然袭之，方能成事。"

于是，在冯宝敬佩而又担忧的目光里，洗夫人带着一千多士兵，以给李迁仕送礼的名义，毅然出发了，向李迁仕的驻地而去。

侯景之乱，是洗夫人人生中面临的第一个危机，而她勇敢地朝着危险的地方行进，逆向而行。这一次，她即将扮演重要的历史角色。

壮士此去兮能归否，全看洗夫人行事机智与否、果断与否。

此时的李迁仕，正在自己的大营里安然地喝酒，自在地盘桓。他看着冯宝寄来的书信，信中口气极其卑微。信的大意无非是，听闻大人召唤，卑职且喜且忧，喜其此去前途无量，忧其大事不知能成与否，卑职犹豫再三，故遣夫人携礼前来相商。

在李迁仕的脑海里，此事简单至极，无非就是几句好话哄一哄洗夫人这个女流之辈，便可让他们乖乖跟随自己、配合叛军。

然而，在谦卑用词的背后，是洗夫人早就准备好的刀枪弓弩。趁着李迁仕驻地兵力空虚，一声吆喝之下，装着厚礼的担子里亮出一把把雪亮的刀枪，李迁仕仓促之间，被驱逐而逃，狼狈跑往宁都。

洗夫人出山第一功，圆满完成。

冼夫人之所以敢于果断出击，就在于她敏锐而准确的判断力。

读心复盘：形势扑朔迷离，判断最终看人品

对李迁仕的判断，依据是什么呢？

首先是操守判断。

形势一时难以判断，但人品可以判断；该做什么事，一时难以判断，但不该做什么事，还是可以判断。李迁仕做得对不对，冯宝夫妇该不该跟他一起做，从南朝的形势来判断可能一时扑朔迷离，但根据李迁仕的职守来判断，就很容易了。李迁仕作为南朝正式任命的地方大臣，既然受南朝的征召，就应该忠于职守，不说为朝廷赴难，至少不能居心叵测、借病推脱，又暗自打造兵器欲为不轨。

忠于哪个朝代不是最紧要的，最紧要的是你要对得起你的饭碗，对得起给你饭吃的人。

当我们无法判断一件事情可不可操作的时候，可以做一个人品判断，邀你一起办事的人，有没有操守，为人正直与否，是一个极其关键的指标，人品成不成，往往决定事情成不成。尤其是此人有没有职业操守，极其重要。冼夫人不赞

同冯宝去同李迁仕会合，就是不看好其职业操守。没有职业操守，也意味着对方和你合作的事业在品质上没有保障。

其次是力量判断。

李迁仕当时的心理，应该是顺应乱势，跟着侯景这一拨叛乱蹭点功名富贵，或者说向新的势力表明忠心，以确保自己在新朝廷的位置。而冼夫人为何不参与呢？就当时而言，侯景说不定就是第二个刘裕、萧道成或者萧衍，冼夫人大可以附于良骥之尾，随之驰骋千里。然而，冼夫人清晰地认识到凭借自己的力量，想要在时局的浑水中摸一把，图个逆袭壮大，是不可能的，而且会反受其殃。因为岭南偏居一隅，力量和朝廷不可同日而语，即使跟对了人，真的开国有功，也无非是保住一个角落，如果跟错了人，反而让地方跟着吃亏。岭南的力量不足以扭转南朝乾坤，不如谨守本分，不做妄想。

最后则是良心判断。

在南北朝纷扰频繁的当时，改朝换代司空见惯，可谓"乱哄哄你方唱罢我登场"，要求死忠于某一个朝代是不现实的。然而，百姓的平安，苍生的安宁，对于一方首领来说，是绝不能忽视的。梁朝固然有可能被取代，但取代梁朝的人物，干了些什么，旁人应该有个是非曲直的判断。

侯景一路东进，杀入建康城，一路上的暴行令人发指，多的不说，只说两点。其一，当时激战中负伤的百姓和士兵，还躺在地上呻吟，侯景却下令一律投入火堆，其行为之残暴，实为千古罕见，但凡有点良知的，就不会跟随侯景；其二，建康城沦陷后，民不聊生，百姓朝不保夕，不少市民穿着绫罗绸缎，却活活饿死。侯景甚至公开宣布："尽杀却，使天下知吾威名。"凡是所攻破之处，老百姓都要杀光，使天下人无不知道他侯景的威名，他以为这样便能震慑天下百姓，使他们不敢反抗。

侯景的暴行终究还是引来了天下的反抗，江东的百姓都纷纷竖起栅栏，拿起武器，组织民间武力自保。从这一点看，侯景夺权是不具备正当性的。

在古代，如果天下大乱，各种武装力量蜂起，相对弱小的势力不知道跟从谁的时候，往往理智的判断就是，看哪一股势力能顺应大势，而顺应大势的标准便是顺民意。例如当年刘秀单枪匹马入河北的时候，谋士邓禹就拄着拐杖跨过黄河追上刘秀，跟刘秀说："当今之际，莫如延揽英雄，务悦民心，救万民之命，以公而虑，天下不足定也。"邓禹劝刘秀要取悦百姓，奔着拯救苍生的志向去行事。刘秀后来能成功，很大程度上就取决于邓禹关于救民于水火之中的建议。

虽然中国古代政权的更替在一定程度上遵循丛林法则，

常有以武力夺取天下的，但更多的是遵循"得民心者得天下"的原则。

洗夫人作为岭南俚族的首领，一向爱民如子，对部落关爱有加，曾经对兄长侵夺部落百姓的行为加以劝阻和制止，这样一位首领，想必对侯景的暴行也是从心底唾弃的。侯景对待百姓的方式，显然和洗夫人的三观是相悖的。

即使不从忠于南梁王朝的角度出发，侯景的叛乱势力也是不可追随的。

因此，从操守、从力量、从良心三个角度而言，洗夫人都断然否决了跟李迁仕的合作。

对于李迁仕一事的考验，洗夫人是过关了，没有卷入叛乱的队伍，为岭南坚守了一方安宁。

但是，接下来，洗夫人将接受更大的考验。

那就是对于未来大局的判断。

洗夫人发动奇袭赶走居心叵测的李迁仕之后，事情并非到此截止，树欲静而风不止，岭南这一方是暂时清净了，但是，决定岭南地方命运的大局面还没有确定下来。

于是，洗夫人决定继续北上，以追击叛军的方式去接触北方政权。

这应该是洗夫人出山以来，第一次以军事行动的方式去主动和北边的南朝力量接触，这是她个人走出的一大步，更是岭南历史走出的一大步。

因为史书记载的缺乏，我们无法判断冼夫人此前有没有北上过，去看看石头城，去游游会稽山水，更有可能的是，她只能从曾在建康城读过太学的夫君那里得知岭南之外的风貌。

冼夫人此番带兵主动北上，不是游山玩水，不是观赏猎奇，而是要去为岭南地方的命运，做一次前哨侦察，然后再做判断。

或许，在出发前的那一个晚上，冯宝心神不定地握着夫人的手，一千万个不放心，反复叮嘱，甚至反复劝阻，但冼夫人目光坚毅，神色淡定，跟夫君说着此去必有所获，为岭南争取一个美好幸福的未来。

于是，冼夫人带着大军，旌旗鲜明、刀枪齐列地从刚刚攻取的高州出发，前往灨石，也就是李迁仕部将杜平虏据守之处。

灨石，今在江西，滚滚江流中的一处险要，江流上有二十四滩，滩头上又有巨石，舟触之碎，人逢之惧。

比地理形势更险的，是冼夫人此去必须面对的未知形势。

她将要遇到什么？她将做出怎样的判断？

与冼夫人的队伍相呼应的，是南梁的一位重量级人物，正带着队伍南下。

南下的这一位，名为陈霸先。

当时的陈霸先，已然战功赫赫，身居要职，在公元 547 年，已被梁武帝封为镇远将军、西江都护、高要太守、督七郡诸军事，在广东一带任职许久。

当侯景之乱发生时，陈霸先对稳定广东一带的局势，起到了很大的作用。当时的广州刺史元景仲受到侯景的诱惑，也打算起兵和叛军呼应，陈霸先及时带兵镇压，元景仲兵败自杀，于是陈霸先将梁朝的宗室萧勃迎到广州镇守，暂时稳定了局面，随后挥师和李迁仕展开拉锯战。

陈霸先此举，以及冼夫人赶走李迁仕，成为稳定岭南局面的关键举措。

接下来，这两位人物，就在瀼石会面了。

关于这一次会晤，史书没有记载，但记录了冼夫人回来之后对陈霸先的评论，以及对此后岭南走向的判断。

冼夫人的评价是："陈都督大可畏，极得众心。"

陈都督是个令人敬畏的人，很得人心。

此时的陈霸先，尚未成为南朝的君王，还只是一方大将，朝廷名臣，但独具慧眼的冼夫人就对其为人和前程做了准确的判断。

那么，冼夫人所说的"大可畏"之处在哪里呢？

史载陈霸先身长七尺五寸，额头隆起，手长过膝，有帝王之相，而且涉猎史籍，精通兵法。当然，外貌可能是史家事后的渲染和夸张，但精通兵法应该属实。

而陈霸先的行事、才能的确服众，冼夫人的判断是对的。陈霸先有仁义之度，他挥师行军，和南梁的王僧辩会合讨伐侯景叛军。当时王僧辩的三万大军缺少粮草，而手里据有五十万石粮草的陈霸先，半点也不吝啬，大大方方地将粮仓的六成，也就是三十万石拨给了友军，这说明陈霸先具有大局观，有全面的战略观，而不是效仿土军阀，藏着掖着，不肯接济战友。这就是帝王之度。

识人当识其度，冼夫人可能是以此作为依据，对陈霸先的政治前途做了预判："我观此人必能平贼。"冼夫人相信，陈霸先一定能够平定侯景的叛乱。

通过和陈霸先的会师，冼夫人看到了他杰出的政治军事才能，所以更加坚定地认为侯景的叛乱不会长久，南朝不管走向何方，都肯定不会跟着侯景走。

最后，冼夫人向夫君建议："君宜厚资之。"夫君你要好好地结交他。

冼夫人此番话很有用意，表面上是说要和陈霸先交朋友，实则暗示了陈霸先将来会成为南朝的君主，岭南以后也将隶属于这位君主。

话很委婉，但用意比较明显。

冼夫人此番北上，收获甚丰，她不只是积极参与了南朝政治军事行动，更加重要的是，她对未来的走势做了正确的判断。

成大事者必先识人，判断局势走向，也是要识人。冼夫人认定不能跟着李迁仕走，就是因为她根据李迁仕的举动，得出此人没有忠心与操守的结论，跟着他走只能身陷困局，万劫不复。冼夫人认定侯景不能成大事，虽然她和侯景没有接触，但是从其军队行事风格之残忍，就知道其不能成事，侯景后来也的确被诛杀。冼夫人建议夫君多和陈霸先交往，更证明其独具慧眼，其根据未必是其异于常人的相貌，而是陈霸先的言行事功，冼夫人判断出在乱世当中，需要这样的人物出来主持局面。

当一个王朝统治基石坚固、大局稳定的时候，到底跟从谁，很容易判断，难的就是一个王朝走向灭亡，问大地谁主沉浮，尚无答案的时候，到底何去何从，这才是最艰难的。冼夫人的了不起之处，就在于南梁王朝摇摇欲坠之际，她并未墙倒众人推，盲目跟从乱党，而是坚守家国立场，这一点是很难得的，足以证明她有远见卓识，做人有原则。

原则往往是局面混乱时的定海神针，有没有原则，就意味着有没有出路。史上很多在叛乱中粉身碎骨、身败名裂的势力，就是因为其做选择时，所根据的不是原则，而是利益。在朝代更替频繁的时代，纯粹出于利益做选择，那就是赌命。

不得不佩服冼夫人的眼力，在灜石与陈霸先会师之后，公元 557 年，陈霸先登基为帝，取代南梁，建立南陈王朝，也是南朝最后一个王朝，年号永定。

境界复盘：直己以行义，何忧惧乎

陈朝建立之后的一段时间里，政治形势比较明朗，在岭南人眼中，谁是正统王朝已一目了然。岭南与建康之间，保持着一种稳定的隶属关系。

但这并不等于冼夫人之后的抉择不艰难。

这期间有一点儿小波澜。

这段时期的广州刺史一职，似乎是个很不靠谱的位子。当年侯景谋反的时候，广州刺史元景仲就起兵相应。接下来的刺史萧勃也和中央王朝对抗。到了陈朝，公元 570 年的时候，广州刺史欧阳纥又谋反。

在此介绍一下欧阳纥这个人物，他的家世不简单。其父亲欧阳頠就曾任广州刺史，欧阳纥年轻时即随父出征，颇有战功，也积累了不少军事经验。之后，欧阳纥则继承了其父亲的官职，任广州刺史。

而欧阳纥的儿子名气更大，他就是鼎鼎大名的欧阳询。欧阳询既是唐高祖时期的重臣，更是为后世称颂的书法家，其所创的"欧体"在中国书法史上具有很重要的地位。

欧阳纥绝对不是平庸之辈，他是很有作为的，其坐镇广州数十年，颇有政绩，在当地百姓中很有威望。可以说，他在广州是很有基础的。

由于欧阳纥在广州地方的威信太高，引来了陈宣帝陈顼的猜忌，欧阳纥忐忑不安，最终决定谋反。就跟当年李迁仕一样，欧阳纥很重视俚族的力量，他特意把冼夫人的儿子冯仆召到高要，要挟其一同起兵为逆。

这一次，冼夫人所面对的对手，绝非平凡之徒，此人对她来讲，可谓巨大的压力。

欧阳纥作为地方实力人物，其影响力和军事力量绝对不在冼夫人之下，论军事力量，冼夫人也有所不及，更何况儿子冯仆受其控制，这时候做抉择，其困难程度，远高于李迁仕事件。因为面对李迁仕的时候，并无牵挂，没有人质在对方手里。

　　冯仆派人从欧阳纥处送来求救信，虽然其具体内容没有记载，但人在虎穴，其词意之恳切恐惧，可想而知。而洗夫人作为母亲，见儿子在危难之中，成为人质，其心疼如割之情景，亦是可以体会得到。

　　扰乱一个人做出判断的，除了利益，就是情感。利益可以舍弃，但情感难以舍弃；利益可以无视，但情感岂可无视。

　　史书上曾有记载，《隋书·列女传》中，洗夫人得知儿子被扣高要，大义凛然地说了一番话："我为忠贞，经今两代，不能惜汝负国。"大意就是我忠贞侍国，已经历了两代，不能因为怜惜你而辜负了国家。于是拒绝了欧阳纥的请求，发兵据守，等待陈朝的大军前来。

　　洗夫人做出这样看似无情的抉择，是由她的战略高度和眼光所决定的，因为洗夫人不只是一位母亲，更是地方的首领和代表人物，是不能以个人情感作为判断依据的，一切都要以岭南的大局为重。

　　对个人、家庭的"无情"，恰恰是对岭南、对苍生的"有情"。

　　越是在高位，越是在仓促的情况下，越是要有这样的"冷心肠"，否则只要有一丁点儿的动摇，岭南就会遭受一场荼毒。

　　洗夫人此时深知自己不只是冯仆的母亲，更是岭南地区百姓们的"母亲"。

就在欧阳纥兵反广州时，很多流落在岭南的士人极其惊惶，六神无主，不知何去何从，"纥之反也，士人流寓在岭南者皆惶骇（《资治通鉴·陈纪四》）。"曾担任陈朝著作佐郎的书法家萧引却说"亦但安坐耳"，劝大家不要慌，安心坐下来。萧引的解释是："君子直己以行义，何忧惧乎？"君子只要自己行得正，为人耿直，有什么好担忧害怕的呢？

冼夫人在欧阳纥乱局中的坚定，正好当得起萧引的这番话，她是一个直己以行义的君子。

品行的高尚，就是事业成功的秘诀。

冼夫人能成为岭南人的保护神，在于她心中总有个压舱石——大局。具体而言，是岭南各民族的大局，更是天下的大局。

在这样坚定的信念面前，一切不正当的手段都是浮云。李迁仕、欧阳纥等人偷奸取巧，反而落得个失败的命运。

除了萧引这样的君子，南朝时期还有一位名将，也可以作为冼夫人大气度的映衬。

他就是羊侃。

羊侃是和冼夫人同时代的人物，他是梁朝的大将。当年侯景急攻建康城梁武帝驻守的台城时，羊侃奉命抵御。羊侃足智多谋，在极其危急的情况下，屡次挫败叛军的进攻。有一回台城忽然坍塌，叛军蜂拥而入，羊侃命令士兵扔火把，截断叛军进攻的路线。侯景步步紧逼，甚至俘获了羊侃儿子羊躭，想要胁迫羊侃投降，没想到羊侃拉起弓箭对着儿子就要射击，他说："吾以身许国，誓死行阵，终不以尔而生进退。"意思是我已经身许国家，发誓要战死沙场，终究不会因为你而决定进退。侯景无可奈何，慑于羊侃的气节，没有杀害羊躭。

南朝名将羊侃对儿子的这番话，和冼夫人对儿子的决定，可谓相互辉映。

冼夫人不向欧阳纥屈服，既有名士之风，又有名将之节。

后来欧阳纥用兵失败，被俘而杀。而冯仆则被救出。

冼夫人因为帮助平叛有功，而享受朝廷所封的殊荣，朝廷诏令使者持节册封冼夫人为中郎将、石龙太夫人。赏赐络驷安车一乘，给鼓吹一部，以及旌旗与节符仪仗，级别如同刺史。冼夫人的名号，已随历史远去，而她留给今天的我们的，是她处世的原则。

不忧不惧，同儒家所提倡的"君子坦荡荡"一样，是一种极高的境界。

从冼夫人的经历来看，真正要做到不忧不惧，起码要明白以下几个方面：

不忧不惧，不是无谓的沉默，而是一种能动的表现。你必须全面认识你所处的社会，尤其要思考如何在危难突如其来的情况下不被社会淘汰。

冼夫人安坐岭南的时候，侯景谋反，李迁仕打造兵器参与谋反，这都是冼夫人无法预料的。令人忧惧之事，往往是突如其来的，令人猝不及防、手足无措，冼夫人却能不慌不忙地稳住李迁仕，从容不迫地奇袭叛军，因为她清醒地认识到了风云突变的社会现实，并对这种现实做好了准备，才能在突变当中稳住阵脚，从容应变。

不忧不惧，不是一种人生技巧，而是一种人生态度。这种态度，和品行相关，不是可以表演出来的，表演出来的只是强作镇定。不忧不惧的人，肯定是有信念的，有信念才能面对危难而不慌乱，守住原则，守住良知，淡定地做出正确选择。

冼夫人面对惊涛骇浪，从来没有惊慌失措，总是能带领一方走上最正确的路途，诀窍就在于她心中有个原则：不参与叛乱，不搅动局势，往安定的方向靠拢，向混乱说不。

多变、不可确定是南北朝的时代特征，冼夫人应对的妙

招就是：**未来不可确定，但我的品质可以确定；前程不可以确定，但我的胸怀可以确定。**

只有尊崇信念的不忧不惧，才是真的不忧不惧，才是经得起任何考验的不忧不惧。名士萧引所说的"君子直己以行义，何忧惧乎"是对冼夫人最恰当的评价。

在侯景叛乱和欧阳纥叛乱的历史风云中，冼夫人立稳了脚跟，经住了考验，带着岭南苍生，渡过了惊涛骇浪。她恰当的选择，给当地带来了福音。

然而，在那个时代，历史的考验似乎永不停歇，南北朝的板块又在剧烈变动。这一回的变动比起梁朝和陈朝的更替，更为巨大，更为复杂。

在晋王杨广的战舰越过长江江面，直取建康之前，局面相对简单。冼夫人要面对的是以建康为都城的政权归属，谁取得了南朝的控制权，谁就是正统王朝的统治者。一切是非曲直、一切取舍进退，以建康城为瞻。

然而，随着杨坚平定北方，长江两岸的政治格局，出现前所未有的变动：一向被视为正统的南朝，就要谢幕了；北方陌生的政权正在壮大，万千艨艟斗舰，轰轰烈烈南下。

冼夫人面临的，又是一个棘手的选择。

其实，很多人读到隋灭陈的历史，都不免替冼夫人担忧，担心她身处封建社会，摆脱不了当时的人的局限性，无法去适应新的历史趋势。

然而，冼夫人并没有这种局限性，而是很顺畅地接受了新旧王朝的更替，也让岭南在新的历史时期找到了恰当的位置。

古代的政治品质要求忠臣不事二主。而这个主，往往被理解为一姓之主。

为了更好地理解冼夫人当时做政治选择的困境，我们也不妨复盘一下《三国演义》里"诸葛亮骂死王朗"这个段落。这一段虽然是虚构的，但是却道出了封建社会政治伦理在士大夫心中的分量。

对于这个情节，不少人是纳闷的。从王朗的角度来看，你诸葛亮是蜀汉的臣子，我王朗是曹魏的臣子，我们各自效忠于自己的君主，你骂我"反助逆贼，同谋篡位"，根本就没有杀伤力，因为你诸葛亮所说的逆贼，在我看来是我的君主，你说我逆，但从我的角度来看，就是顺。

王朗为什么要生气，而且一气就气死?

现在看来，这个虚构的情节是有其合理性的。

诸葛亮的话中提到"吾素知汝所行：世居东海之滨，初举孝廉入仕；理合匡君辅国，安汉兴刘"，原来，王朗是汉朝的旧臣，受了汉朝的恩赐，虽然后来他顺应历史潮流，跟随了曹魏，但是"忠臣不事二主"这个政治伦理还是存留在他内心深处的，毕竟他的所作所为和封建社会的主流观念是相违背的。也许在他的意识里，会有一丝愧疚，认为自己真的是逆贼。也许在无数个不眠的深夜，王朗会扪心自问："老王，老王，你到底是不是汉朝的逆贼？"

因此，诸葛亮的唾骂正好击中了王朗的软肋，鞭挞了他的灵魂，因此会气急而死。

举这个例子，是设身处地为冼夫人着想，她的选择会不会违背封建政治伦理。冼夫人本来是梁朝的臣子，后来又归顺陈朝，最后又归顺隋朝，她做的选择和封建君臣大义矛盾与否？冼夫人选择的标准和王朗选择的标准有什么不同？

冼夫人的身份和由汉入魏的老臣王朗有很大区别。王朗只是个打工的，他几乎只对自己和自己的家族负责，而冼夫人不同，她肩负的是一个地方的存亡，她的一举一动不能局限在对"一姓"的忠诚上，而是要审时度势，充分考虑数十万百姓的安危。

所以，冼夫人选择了大势所趋。

大势是什么？就是统一，就是和平，就是安定，就是造福苍生。在冼夫人眼中，在忠于一姓之上，还有历史的大趋势，这才是根本的趋势。中华大地上，在南北朝之前，已经存在过大一统的王朝：秦、西汉、东汉和西晋。虽然此时已分裂了将近三百年，但这个趋势如今又回来了，在一姓江山的上面，还有一个更大更高的原则，那就是结束分裂，实现统一。如今，隋朝来完成这个使命，那么，隋朝就是正统所在，这个王朝就是冼夫人所要忠于的大趋势。

冼夫人是在明了大趋势的前提下，做了理智的选择。

之前认同南梁和南陈，也是服从于大势，南朝的稳定是大势，南北的统一则是更高层次的大势。岭南地区忠于大一统的大势，而不是只忠于某一姓某一朝。

因此，当隋朝建立，隋文帝杨坚派韦洸来安抚岭南时，冼夫人给予了积极的配合，出兵讨伐阻碍隋朝南下的豫章太守徐璒，并且击杀徐璒，顺利进入广州城，让岭南进入大一统的版图。

冼夫人在隋朝统一天下之际所做的选择，依据有两个，一是大势，一是大义。大势是历史趋势所在，大义是公理道义所在。结束南北分裂，百姓过上和平富足的生活，则是大势和大义的结合。

不要和统一的大趋势对抗，不要违背百姓要过上太平日子的意愿，冼夫人深明这个道理，只要是从这个原则出发，即使其间有波折，有反复，其结果也总是不会错的。

冼夫人对于大势的认识，不只是停留在南朝的层面，更是上升到国家大一统的层面，这才决定了她在历次朝廷更替中为岭南准确定位。

一个人的成败，往往取决于选择的对错，尤其是在迷离纷乱的年代。明大势，需要清醒；明大义，需要坚强。

如果冼夫人心中没有大局观，她是无法清醒的；如果冼夫人不对国家大一统有信念，她是无法坚强的。

那个年代的岭南，幸亏有冼夫人这样明大势、明大义的英雄人物存在，才能避免分裂，远离战火，成为中国版图中重要的一部分。

对比复盘：南北朝的精英和冼夫人都做了共同的选择

冼夫人在那个时代所面临的选择困难，不只是她一个人的困难，还是广大士大夫阶层甚至贵族阶层的困难。

认谁为主？谁可以为主？这是个难题。

政权更替过于频繁，皇帝位置轮流转，个人的去从、地方的去从，令士大夫阶层和贵族阶层纠结不已，常陷入选择上的困境。

这个困境，并非冼夫人一个人所面对的，这也是时代的读书人尤其是士大夫不得不直面的。

我们先说北方。自从西晋灭亡，曾经的诗书礼仪之地，陷入长期的动荡，干戈四起，烽烟不熄，匈奴、鲜卑、羯、羌、氐纷纷进入原来西晋的地盘，建立了很多王朝。西晋那些没来得及东渡的士大夫、读书人，就陷入了重新选择的困境，他们的心在南方的东晋王朝那里，但身在他族统治的北方大地上，信仰和现实的冲突，导致灵魂无安置之所。

曾经有士大夫想投靠新来的势力，例如西晋王朝的重臣王衍，他被羯人石勒俘虏之后劝石勒称帝，其实这就是想投靠羯族政权的一个暗示。然而，石勒并没有领情，反而推倒墙壁将其压死。

中原士大夫伸出的橄榄枝，新的军事集团不接受。

王衍死后四十多年，王猛出现了。他是滞留在北方的汉族读书人，他期望的东晋有一天终于北上了。公元354年，东晋权臣桓温北伐，一时大获成功，驻军长安郊区灞上，归心似箭的王猛赶紧来投奔故国。

故国人物虽然就在眼前，然而却令王猛颇为失望，认为若随桓温如同助其篡晋，势必玷污清名，最后王猛婉拒了桓温的任命，认清了现实，投奔了氐族政权。然后鲲鹏始得扶摇而上，大展宏图，帮助前秦皇帝苻坚统一北方，被誉为苻坚的卧龙。

王猛这个人物在南北动荡时期，是个具有代表性的士大夫人物。他虽然还有着浓浓的正统王朝情结，但在实际行动中能跳出这个情结，为北方的苍生勇敢地站出来，和氐族合作，最终缔造了北方的盛世。

冼夫人跟子孙和部族说过，她侍奉三代国主，凭借的是忠顺之心，从这个角度来理解冼夫人说的"事主"和"忠顺"，似乎就没那么困难了。

王猛所侍奉的"主"，尽管不是他心目中的正统王朝的"主"，但氐族人苻坚是一个奋发有为的主，是有利于百姓安居乐业的主。通过他照样可以实现士大夫安邦定国、造福民生的豪情壮志，何乐而不为呢？

王猛所认定的"主"，已经跳出姓氏的局限，扩大到了苍生和天下的高度。而且，王猛并不是没有进入东晋王朝的机会，桓温很赏识他，愿意携他南下，也就是拉他进入东晋正统政权的"朋友圈"。然而，王猛拒绝了这个机会，说明他眼中的"主"，更多的是大地上的黎民百姓，更多的是停留在北方这块大地，而不是已经脱离这块大地的东晋王朝。在王猛的辅佐下，北方的前秦一时欣欣向荣，百姓欢喜康乐，文化上形成了劝业竞学、养廉知耻之风。

在一姓政权和眼前山河之间，王猛选择了眼前山河。

当然，王猛的内心深处，还是心心念念着故国东晋。在他去世之前，他曾经苦劝苻坚不要南下攻打东晋；在他去世之后，他的儿子王镇恶投奔了南方的东晋，并且成为刘裕手下的得力干将，曾跟随刘裕北伐，一路打到长安。

从这个角度就不难理解冼夫人所认同的"主"。如同王猛一样，现实当中能有利于稳定局面、有利于兴盛王朝的人物，就是"主"。叛军侯景，是和平的破坏者，是老百姓安居的噩梦，当然不能是"主"。李迁仕助纣为虐，乱中添乱，更不能是"主"。

陈霸先能稳定江东，隋文帝能稳定天下，那就是应该认同的"主"。

冼夫人所说的"忠顺"，就是针对这样的"主"。

其实，中国自古以来，臣子对"主"是有要求的。《左传》中记载了这样一件事情：

齐国国君齐庄公，因为和大臣崔杼的妻子棠姜私通，结果惹来杀身之祸，光天化日之下在崔杼家里被杀。

国君被杀，作为国相的晏子，就面临选择了。当时晏子的左右问他："是为国君殉节呢，还是赶紧逃命呢？"

晏子来了一番教科书级别的神回答："君为社稷死，则死之；为社稷亡，则亡之。若为己死，而为己亡，非其私暱，谁敢任之？"大意是，国君为了社稷江山而死而逃跑，那臣子也应跟着殉节和逃跑，如果国君是为了自己的私利而死而逃亡，如果不是国君身边的人，谁能够跟着他去死去逃跑呢？但晏子也并非对齐庄公的死完全无动于衷，他抚着齐庄公的遗体，连续三次跳脚号哭，以示哀痛，然后从容离去。

由此看来，冼夫人对待陈朝的态度，是有经学依据的。《左传》是儒家的经典之一，儒家经典所提倡标榜的，长时期被视为正统思想。

陈后主在晋王杨广大军南下攻破建康城之后，主动投降了隋朝，他并没有为陈朝殉身，也没有逃跑，那么作为他管辖下的岭南部族，也没必要去做所谓的殉节行为。

冼夫人在收到隋朝的晋王杨广，也就是后来的隋炀帝寄来的陈后主的书信以及当年冼夫人献给陈朝的信物犀杖之后，就带领部族男女老少，面对陈朝统治中心的方向，放声大哭，以尽亡国哀伤之情，然后正式归顺隋朝。冼夫人的这一番作为，几乎就是当年晏子对齐庄公态度的翻版。对故去的"主"和朝廷，不薄情，但又不殉身。可见冼夫人的行为，在政权更替时期所做的选择和姿态，不仅有大势和大义的依据，同时也有儒学的依据。

北方的王猛如此，南方的士人呢？

公元 589 年，南陈王朝灭亡的时候，隋文帝通知了远在岭南的冼夫人，同时，也通知了一些滞留在北方的南朝士大夫，这些士大夫中就包括一个叫许善心的南朝官员。

许善心祖籍北方，但早已南迁，世代在南方为官。

公元 588 年，许善心代表南朝出使北边的隋朝，然后就被扣留，一直滞留在宾馆。南陈灭亡的时候，隋文帝特意把这个消息告诉了许善心。

作为陈朝的臣子，许善心是怎样反应的呢？

许善心的第一反应就是号啕痛哭，穿着丧服，坐着草垫子，对着陈朝的方向，连续哭了三天。隋文帝都看不下去了，也连续三天写信给许善心，表示慰问，然后拜其为通直散骑常侍。许善心极尽哀伤，谢隋文帝隆恩的时候，兀自趴在殿上哭泣，都无法站起来，《隋书》有："明日乃朝，伏泣于殿下，悲不能兴。"

这让隋文帝杨坚很感动，他对文武百官说："我平定江南，灭了陈朝，只获得这么一个人才。"（"我平陈国，唯获此人。"）对许善心的气节表示了充分的肯定。

许善心一方面顺应隋朝统一南北的历史大趋势，一方面还保持了对故国南陈的忠心，这种选择和作为，是符合当时的政治伦理的，平移到同时代的冼夫人身上，冼夫人的做法也就有所解释了。

在从南北分裂走向统一，再经历隋末之乱，最后归于大唐王朝的过程中，一些士大夫家族也经历朝廷更替该如何选择的难题。我们沿着时间的河流逆流而上一段，追溯到南梁时期：

有一位名士，名曰袁宪。早在梁武帝的时候，他就被征召为官，后来又娶梁武帝的孙女南沙公主为妻，而南沙公主的父亲即梁朝的简文帝萧纲。袁宪可以说是十足的梁朝皇亲国戚。

到陈霸先取代南梁，建立南陈，袁宪又被任命为中书侍郎。袁宪在陈朝，一直是个很重要的人物，一直做到了右仆射。陈宣帝去世前发布遗诏，而袁宪就是受遗诏的大臣之一。

隋军南下攻入皇宫，纵火焚烧宫城的北掖门，陈朝皇宫里的大臣四处逃散，一地鸡毛，卫兵们也一哄而散。这个时候，陪伴在陈后主陈叔宝身边的，只有袁宪，他正襟危坐，毫不慌张。陈后主很惭愧地说："我从来待卿不厚于其他人，今日见卿，才知岁寒知松柏后凋之故。"我平时待你并不比对其他大臣好，但今天见到你的举动，才知道松柏不惧岁寒的道理。

入隋，袁宪还是受到新的王朝重用，官至晋王府长史。

袁宪作为梁朝的名门望族、皇亲国戚，其命运并没有与梁朝相始终，而是和南北朝的统一走向相始终，皇权姓氏的改变，并没有终止士大夫的宦途。

南北两朝士大夫家族的走向，可以作为冼夫人政治活动的大背景图，从而显示出冼夫人选择的正确性和正当性。

自北方版图大致稳定以来，南朝和北朝政权各自的更替，直至南北两个疆域最后的合拢，已经不同于北方战乱，虽然还有战争，但王朝更替的色彩不再如当初那么浓厚，由起初的谁征服谁演变成了谁替代谁，更替之际，虽然还有战争，但已经没有了正义与否的问题。当初，晋朝东渡的时候，北方陷入血雨腥风之中，生灵涂炭，东晋大臣们新亭对泣的画面，以及祖逖击楫中流的豪壮，都让南方的东晋带着主角的光环，带有正义的冠冕。

自从苻坚的前秦统一北方，刘裕北伐半途而废，东晋被废之后，各个王朝的正统与否已经不再有多少质疑，或者说已经不是一个问题。如果说南朝刘宋取代东晋，还算是篡位，那么南齐取代刘宋，完全不存在什么篡逆的包袱，就是普通的政权更替而已。

梁武帝的时候，有一年天上有异常星象。人们纷纷说这预示着皇帝会有出逃之灾，梁武帝很紧张，结果一点儿事情都没有。后来北方传来北方皇帝逃难的消息，梁武帝很纳闷，说："北方的也算天子吗？"这个小插曲其实也说明了，当时的人们已经不再只认定南方的天子才是正统天子，两边的政权是同时存在的。

在这种大背景下，臣民进入一个新的王朝，并没有忠心与否的心理负担。

若有一个王朝能够让江山平稳，百姓乐业，并且促成统一，就是能被各方承认的。

南北朝的时代密码：南陈取代梁，隋取代陈，并不是什么敌我之争，也没有什么是非之辨。陈霸先在顺应历史潮流，用安定的陈取代混乱的梁；隋文帝在顺应历史潮流，用统一的隋取代分裂的南北朝。从这种趋向统一、和平的高度俯瞰，各类人物顺着大势做选择，都是对的。

冼夫人明白了这个密码，因而做出了正确选择。身处北朝或南朝政治中心的士大夫，做出这个选择并不难；冼夫人身在东南一隅，亦能清醒而准确地认识到历史的方向，实属不容易。

其实，我们一生都在做选择题。冼夫人的一生告诉我

们，做好时代给予的选择题，要跨过三个门槛，一个是技术门槛，一个是人品门槛，一个是格局门槛。

接下来，我们从中国传统的兵家、儒家、道家、法家和史家文化破译冼夫人成功密码。

许下宏愿
愿天下太平
愿众生安宁
愿人们的每一个美好愿望
都能得到回应

——冼英

我生活在一个
动荡不堪的年代
国泰民安是一个奢望
所以我用尽一生
才护得这一方的平安
我以最真挚的心

毫无疑问，冼夫人是中国古代军事史上一个不可忽略的人物，虽然限于舞台的大小，其战功还不能和霍去病、薛仁贵、岳武穆相提并论，但是冼夫人的战功对于古代中国的统一大势，起了相当重要的作用。

那么，和史上那些军事能人相比，冼夫人处于何等位置呢？

判断一个人的军事才能，不能只看他有没有打胜仗。其实有些胜仗，不是靠指挥官的才能，而是靠己方已有的巨大优势，对敌人进行碾压式打击。

第二章

兵家密码

人生如沙场，心中有兵法

　　人生犹如沙场，人人都需要一部兵法。兵来将挡，水来土掩，针对怎样的状况，就要有怎样的兵法。"你只管做一个好人，上天自有安排"，这句话千万信不得，人在世上，除了用心纯洁，更多的是要有能力，要有办法。尤其是要有办法，而在战争频仍的时代，办法就是兵法。

　　冼夫人的一生，之所以屡创辉煌，其中极其关键的一点就是：冼夫人有办法，懂兵法。不要忘了，冼夫人首先是一位将军。在危机四伏的南北朝时期，刀随时架在脖子上，如果没有兵法护身，一不留神就会引来杀身之祸。

　　冼夫人要在岭南立得住，要在历史的舞台上立得住，第一条：必须能打胜仗。

　　做人要有战略，处事要有兵法。

兵法一：卑而骄之

在历史的舞台上，冼夫人明显是个技术派，她手中有底牌，心中有兵法。

显示她高超用兵技术的第一场局，就是平定李迁仕叛乱。

前面讲过，冯宝冼夫人夫妇经历的第一道难关就是侯景之变。公元 548 年，侯景发动叛乱，兵锋直逼南梁王朝国都建康城，这场大动荡也波及了岭南，高州刺史李迁仕忽然提出来要与冼夫人的夫君冯宝会面，冼夫人假装答应，然后代夫前行，以送礼为佯装，最后奇袭成功。

我们再从兵法的角度来复盘这次事件。

冼夫人先含糊着，既不答应，也不拒绝，观察对方会做什么。果然，经过侦探，发现李迁仕在悄悄地聚集兵马，打造兵器。既然反形已具，是不是马上就起兵讨伐？

冼夫人没有这么轻率，而是这样下一步棋：假装答应李迁仕前去会面，而且带着礼物去，同时，前去会面的不是冯宝，而是冼夫人。

这样一来，李迁仕全然放松了戒备。

如果要在兵法里找对照，那恰恰就是《孙子兵法》里的"计篇"："利而诱之，乱而取之，实而备之，强而避之，怒而挠之，卑而骄之，逸而劳之，亲而离之。攻其无备，出其不意。"假装答应李迁仕，带着礼物去孝敬他，而且是女人前往，分明就是兵法里的"卑而骄之"。我方装成很卑微的样子，在敌人面前毕恭毕敬，让敌人产生麻痹情绪、骄傲心理。

冼夫人这一着棋，首先就把李迁仕给稳住了，为自己行事留出了充足的空间。

所以，在我们的人际交往当中，有时候会遇到难为情的坎儿，答应有碍于内心，不答应又有点儿风险，这时候要做的必须是先低调，腾出缓冲地带，为另出奇招留出空间。

在南北朝时期，把这一兵法运用得出神入化的，还有一位，就是后赵皇帝石勒。石勒在北方与一个叫王浚的军阀争夺地盘。起初，石勒在王浚面前极尽卑恭，每次收到王浚的来信，都要对着其书信膜拜，一副小迷弟的样子，甚至对着王浚用过的器具，例如拂尘，都要朝夕下拜，口里念叨："哎呀，没想到王公这么看得起我，给我这个莽夫来信。今日里看到王公来信，如同见到王公本尊，焉能不拜。"这一番操作完全把王浚给套路了，王浚傻乎乎地在那里等着石勒来孝敬。

果然，石勒来了。

公元314年，石勒带着军队，前往王浚的地盘：蓟县。

王浚却浑然不觉，还认为石勒这小子是来孝敬他的。为何有这样的糊涂认识呢？原来，石勒是赶着牛啊羊啊来的，分明就是来送礼，有什么好防备的呢？

结果，石勒的牛羊堵住了道路，扰乱了蓟县，然后趁其不备，一举拿下王浚。

不知石勒之后两百多年的冼夫人，有没有听说过石勒骗王浚的往事，但是她对付李迁仕的方法，和石勒如出一辙，异曲同工。她也是通过自己和冯宝表现出来的卑微，让李迁仕忘乎所以，从而为奇袭创造条件。

话说冼夫人如同石勒当年前往蓟县假装给王浚送牛羊一样，带着浩浩荡荡的送礼队伍，来到了李迁仕的地盘，在接近李迁仕大营的时候，冼夫人一声令下，趁李迁仕不备，将士们一跃而起，拔出利刃，杀得高州守军丢盔弃甲，李迁仕也狼狈逃窜。

从兵法而言，前面已经"卑而骄之"，攻敌之际就是"攻其无备，出其不意"。

冼夫人应该学习过兵家的计谋，或者说，她运兵之妙，在"兵法"里都能找到印证。

就奇袭李迁仕的结果而言，冼夫人的用兵战术之高，不在当年横扫北方的后赵皇帝石勒之下，难怪清朝的《电白县志》称赞她"女中奇男子，千古推第一，可与郭汾阳、霍骠姚并传"。郭汾阳即唐朝平定安史之乱的名将郭子仪，霍骠姚即西汉远征漠北封狼居胥的霍去病。冼夫人的兵法之高，并不亚于这两位军事家。

如果给冼夫人一个更广阔的历史平台，她在军事上的作为可能会更大。当然，她降生在岭南，为岭南人民谋福祉，是历史舞台给她特有的担当。舞台不一样，但智慧一样。

兵法二：藏于九地之下，动于九天之上

奇袭李迁仕，除了故意放低身段让敌人麻痹之外，还运用了兵法上的另外一个战术。

《孙子兵法》"军形篇"曰："善守者，藏于九地之下，善攻者，动于九天之上，故能自保而全胜也。"善于防守的人，能够把自己的战斗力量深藏起来，不让敌人发觉；善于攻打的人，用兵如同从九天而降，打得敌人措手不及，既能保护自己，又能取得完全胜利。

会打仗的人，能够蒙蔽敌人，出其不意地发动袭击。

所谓九地，就是说隐藏得深；所谓九天，即如同从天而降。

这些兵法原则，在冼夫人袭击李迁仕的战例中，体现得淋漓尽致。

冼夫人对李迁仕虚与委蛇，并且将进攻的力量用"生辰纲"的方式掩藏起来，这就是不折不扣的"藏于九地之下"；然后在靠近李迁仕大营的时候，忽然发难，一举袭击成功，让李迁仕部将措手不及，这就是"动于九天之上"，真可谓神兵天降。

石勒驱赶牛羊前往蓟县，也是以送礼的方式迷惑王浚，将自己的攻击部队隐藏在一群群牛羊当中，让王浚不做防备，即"藏于九地之下"，然后一进城就发动突袭，活捉王浚，即"动于九天之上"。

冼夫人所在的南北朝时期，其实出现了很多用兵高手，都是那个时代形势所逼迫的。冼夫人身在其中，如果不通兵法，不仅自己无法自保，而且也无法保护部族。

《孙子兵法》之"虚实篇"又云："兵形象水，水之形，避高而趋下，兵之形，避实而击虚。"用兵之状，如同水一样，没有固定的形状，水不往高处走，而是往低处流，用兵就要避开敌人实的一面，攻击其虚弱的一面。冼夫人事先了解到李迁仕已经派杜平虏率领主力北上，高州城兵力空虚，于是大胆决定带人前去袭击。

果断行动，并非冒险，而是要趁对方有机可乘才动手，知道对方"虚"，方可果断。如果明知对方"实"而采取行动，那就真的是在冒险。

设想一下，如果冼夫人不是胸有成竹，先有一部兵法在心中，面对侯景叛乱这样的乱局，面对李迁仕这种实力人物的威逼，她敢发出这么贸然的一击吗？

犹豫，是因为没有办法；果断，是因为已有良策。

没有良策在先，就不敢果断行事，即使行事，也是一介鲁莽匹夫而已。

兵法三：上兵伐谋

翻看冼夫人的历史，发现她不只是一时一地能取得胜利，而是百战百胜，从来没有过败仗记录。冼夫人可以说是"常胜将军"，仅仅是因为她兵法高明吗？其实，更多的是她还深谙兵法的灵魂，她能屡战屡胜，屡次立于不败之地，是因为她深深地把握了兵法的最高原则和精髓。

她于兵法原则上掌握了"上兵伐谋"。冼夫人屡次出战，都能克敌制胜，并非她敢打敢杀而已，而是事先就已经做好功课，出击李迁仕就是最经典的一役。在决定出兵之前，她就先打听好了李迁仕正在自己地盘上偷偷打造兵器，同时又了解到其主将已经率兵北上，这才决定采取麻痹敌人、发动偷袭的策略，在靠近李迁仕之前，一切准备工作都已经做好了。

《孙子兵法》之"计篇"云："未战而庙算胜者，得算多也。"冼夫人在奔袭李迁仕之前，就已经和夫君冯宝做了翔实可行的计划，而不是匆忙出手。

太建元年，公元569年，南陈王朝任命的广州刺史欧阳纥谋反，岭南一片大乱。陈朝派将军章昭达南下平乱。而这个时候冼夫人则与上次应对李迁仕不一样，没有采取主动出击的策略，而是一方面发兵安守境内，遏制敌人的兵锋，另一方面自己带着各部落酋长北上迎接陈朝的大军，终于和章昭达会师。

史书对于平定欧阳纥一战，记载并不翔实，不过寥寥数语，"遂发兵拒境，帅诸酋长迎章昭达"，以及冼夫人深明大义，不顾自己儿子冯仆的安危而放弃征讨叛兵。其实仔细寻找当中的蛛丝马迹，就能发现，袭破李迁仕一战，与抗击欧阳纥一战，在战术上是有区别的。

李迁仕一役，冼夫人以攻为主；欧阳纥一役，冼夫人以守为主。一攻一守，根据不同的情况制定不同的战术，都很恰当。因为欧阳纥拥重兵于广州，不像李迁仕在高州兵力空虚，一时硬碰硬打未必是上策，而且章昭达的部队尚远，不如先遏制其锋芒，等待大军来临。

或守或攻，或虚或实，根据天时，依据地利，更看人和，冼夫人都事先做好了布置，因此数次平叛和征战，都没有失手。

针对战情的不同，制定不同的策略，前面两役或重攻，或重守，而后来与王仲宣之战，则选择配合北兵出击。

隋开皇十年，公元 590 年，番禺头领王仲宣起兵造反。这一次的叛乱不同于李迁仕的兵孤势单，也不同于欧阳纥的仓促起事，而是岭南各地都开始相应。《资治通鉴·隋纪一》有"岭南首领多应之"，而且兵势大到了合围广州的地步。当时事态严重到何等地步呢？连隋朝委任的广州刺史韦洸，手握重兵两万，都被射死。形势十分危急。

为了说明此次事态之严重性、冼夫人面临压力之大，不妨把当地的局势交代一下。

隋朝于公元 589 年平定南方，一统天下，但南方的人心并未稳定，一时谣言四起，人心惶惶。隋朝的名臣苏威鉴于原南朝统治地区自东晋以来，法治松弛，民心涣散，于是编了一部所谓的"五教"，让南方的百姓无论老幼都要熟诵，想要以此加强统治。但结果百姓纷纷抱怨，还有传言说隋朝要让所有南方的人迁徙到北方去，这样一来，"远近惊骇"，乱兵蜂拥而起。当时就有婺州的汪文进、越州的高智慧、苏州的沈玄憻举兵，甚至自称为天子，至于自称大都督的更是不计其数，相继攻陷了很多州县，其武装力量"大者有众数万，小者数千"。隋朝极为震惊，火急派杨素为行军总管南下讨伐。

岭南王仲宣的这一拨叛乱，是很多叛乱中的一桩。

所以说，此次冼夫人面对的是一次全国性的事件，如何干预，对整个隋朝而言都是比较关键的。

此时如果消极静守，可能会任由叛军肆虐，若其和其他地区的乱局相配合，则一发不可收拾，隋朝局势随时可能崩盘；但如果单方面出击敌军，则力量未必允许。冼夫人此番便制定了和隋朝派来的军队会合一起攻打广州叛军的策略，这样才有比较大的胜算。

当时，隋文帝派裴矩率三千兵马下岭南。

于是冼夫人派孙子冯盎，率兵先击败王仲宣手下陈佛智，然后和隋军在南海会师，接下来再与裴矩手下大将慕容三藏会合，两军联合，击溃了王仲宣叛军，再次稳定岭南。

对于这次平叛，隋文帝评价很高，他说："韦洸这次握重兵两万都不能平乱，我担心是不是兵力太少，结果裴矩凭三千疲惫之师就能一直打到南海。我有这样的臣子，就高枕无忧了。"为什么裴矩三千疲惫之师能够顺利平叛，这当然是冼夫人的兵马起了关键的配合作用。隋文帝这番话虽然没有直接讲到冼夫人，但后来赐给其莫大的荣誉，拜冯盎为高州刺史，追赠冼夫人的夫君冯宝为广州总管、谯国公，册封冼夫人为谯国夫人，开谯国夫人幕府。什么叫开幕府？就是可以设置长史级别以下的官吏，长史在隋朝是从四品上；给予官印，可以调动岭南六州的兵马，也就是说有地方的军事权。如果有紧急情况，冼夫人可自己决定采取什么措施，这是古代圣旨里经常说的"便宜行事"。

隋文帝的赏赐就是对冼夫人一家在平定王仲宣叛乱一役的肯定。

细细分析平定王仲宣之役，可以发现，冼夫人既凭借自己的力量，敢于攻坚，敢于冲锋，又能巧妙地借隋军之势。其实在冯盎出讨叛军之前，冼夫人曾派其孙冯暄带领将兵救广州。但冯暄拥兵不前，一方面可能是顾忌自己和敌方将领的交情，另一方面可能也是出于保存实力的考量，他认为既然隋王朝大军已经南下，那我们冯家何不盘桓，保养元气，等大军王师下来再说。而冼夫人的判断则是，内凭自己的力量，外借隋军的声势，完全可以一击败敌，无需拥兵观望。这战略当中，既有积极出击，又有借重外援。

《孙子兵法》之"谋攻篇"云："十则围之，五则攻之，倍则分之，敌则能战之，少则能逃之，不若则能避之。"

从平叛李迁仕、欧阳纥、王仲宣三次战役来看，冼夫人就充分利用了以上原则。根据敌方的实力，调整自己的战略战术。李迁仕兵力空虚，而且没有防备，所以就采取奇袭的手段，主动出击。欧阳纥一时兵力强盛，那就避其锋芒，据守求援。王仲宣兵锋正盛，杀戮刺史，各方响应，守则丧失战机，攻则略显贸然，那就与隋军会合，增强自己的力量，合围歼灭强大的对手。

上面这些足见冼夫人运兵灵活，不是每次都按一个套路走。

我们应对挑战，也不能老是按照一个套路走，一个套路，这次管用，下次就不一定管用。如果冼夫人还是用奇袭李迁仕的方法去攻打王仲宣据守的广州，率兵轻进，则会败兵覆将。人生的挑战总是换着花样来，我们也得换着花样去克服，去战胜。

兵法的灵魂：上下同欲者胜

冼夫人能屡次取胜，不仅因为她谋略出众，谋定在先，还因为她有自己的基本盘，能始终与这个基本盘保持一致。每次事变，她总能让基本盘获得支持，获得能量，从而无往而不胜。

冼夫人的基本盘是什么？

就是岭南的百姓和各部落兵将。

只有和这个基本盘同心，才能立于不败之地。

这是对兵法原则的遵循。

《孙子兵法》最讲究的就是基本盘，支持度。

"道者，令民与上同意也，故可与之死，可与之生，而不畏危。"这是《孙子兵法》之"始计篇"所言。

所谓兵法之道，就是要让百姓和上层一条心，可以一起死，可以一起生，而不惧怕任何危险。

"上下同欲者胜"，这是《孙子兵法》之"谋攻篇"所言。

上下一致，想法一致，目的一致，利益一致，那就会取得胜利。

冼夫人从来就不是孤独的英雄。其实，在历史的惊涛骇浪中，在历次的征战之中，冼夫人并不是一个人在战斗。她代表了岭南各族，她不可以败，一败则岭南会遭到荼毒杀戮，一败天下就会面临割裂分散的局面。但她又凭什么不败？那就是她和岭南各族站在一起，和大家心连心，因此可立于不败之地。

这从冼夫人平时行事可看得出来。冼夫人擅长安抚百姓，团结各部落，史书记载她"多筹略，善用兵"，很有谋略，善于用兵。良将不是一日就成长起来的。冼夫人应该在年轻的时候就用心于训练士卒，同时安抚人心，树立信义，取得了各部落的信任，在岭南有众多的拥趸。隋文帝的诏书也肯定了这一点，"抚育苍生，情均父母""率土清净，兆庶安乐"，赞扬冼夫人像父母爱护子女一样安抚岭南苍生，全境平静，万民快乐怡然。对冼夫人治南越，给予了充分的肯定。这一切都说明了冼夫人早就做到了"上下同欲"。她对待百姓，就如同父母对待子女一样，子女当然和父母同欲；她让岭南太平安定，岭南人当然和她同心。

早在与南梁王朝对抗的时候，她就带领部族隐入深山老林，运用游击战术，让南梁军队无所得手。能以弱抗强，关键在于她团结了俚族部落百姓。

在与割据分裂势力相对抗的过程中，也是因为有广大民众的支持，才能让冼夫人没有后顾之忧，毫不犹豫地出手打击叛乱力量，因为民心愿为其所用。

网络上流传一句笑话："我不努力打工，老板怎么买宝马？"从中可以窥见一个现实：一心要买宝马的老板，和员工上下不同心。带团队，当管理者，最重要的不是要实现老板的致富梦想，而是要上下同心、同欲、同追求，这样才有合力。

上下同心，有时也需要"秀"，需要大张旗鼓。虽然，同心同欲，最需要的是上对于下那种"随风潜入夜，润物细无声"的传达，但有时候也需要让大家看得到，需要仪式感。

在平定王仲宣叛乱时，冼夫人做了一个很大的"秀"，那就是亲自披上盔甲，骑着战马，张开锦伞，带领全副武装的侍卫，和隋朝的大臣裴矩一起，巡行岭南二十多州。各地百姓一看，纷纷归顺隋朝，各地的部落首领，例如苍梧首领陈坦等人，也翻山越岭来谒见。

这样做的目的并非要显示权力，炫耀王者的威风，而是将自己多年积攒的人气，做一次展示，同时感染民众，让大家都看到我冼夫人是站在朝廷这一边的，大家都来追随我，追随朝廷。

这一次巡行就是一次人心的收获，是冼夫人和岭南各族人民的一次相互告白：我们都拥护天下一统，岭南和平。

这一次巡行，冼夫人的做法诚如"兵法"所云："上下同欲者胜""令民与上同意"。

如果不是冼夫人和各族各部落"同意"，就不可能这么自信地和隋朝使者并肩巡行。

另外，从冼夫人的盛大巡行中还可以看到兵法的心理战术。

《三国志·蜀书·马良传》附录的《襄阳记》记载了这么一件事，当年诸葛亮南征孟获，马谡送诸葛亮送了几千里，然后送给诸葛亮一番话："夫用兵之道，攻心为上，攻城为下，心战为上，兵战为下。"诸葛亮果然对孟获展开心理战，七擒七纵，最后平定了南中。

冼夫人其实也很会运用心理战。对于心理战，我们不要单纯理解为对敌人展开心理攻势，扰乱其内心世界，如楚汉争战时期的"四面楚歌"一般。其实心理战也可以通过正面展现，鼓舞人心，消除对立。

冼夫人和隋朝大将并肩巡行，大造声势，其实也是展开心理攻势，所针对的有三类人：一类是一心一意跟随冼夫人的，这样可以坚定他们的决心；一类是摇摆不定的，让他们看看这个辉煌的阵势，不再偏向割据叛乱势力；一类是心怀不轨意欲谋反之人，让他们知道大势所趋，死掉那份割据叛乱分裂之心。

一次巡行，降服一大片，可谓不折不扣的心理战。

一个人处于低谷时，也要善于打心理战。生活可以穷，地位可以低，但气势不能降。穿得时髦一点儿，头颅抬高一点儿，不要将自己的颓势显示给别人看，每天出外如同"巡行"。让大家看到自己气势十足，过得比别人想象的好，其实也有助于帮自己走出低谷，再造新局。

冼夫人是否读过兵法，不得而知，但她的行动可谓阐释了《孙子兵法》的精髓。她本人就是一部活兵法，一部历史特意安排给岭南的兵法。

人生不能没有兵法，事业必重谋略。人生规划先要有

"庙算"，要成大事必须和众人同欲，同时人生的挑战花样无边，我们也要根据情势的不同花样而制定"花样百出"的应对谋略。这也是我们平凡人的"兵法"。

上下同欲的"欲"，到底是什么欲？到底有多重要？冼夫人和各族共同的"意"又是什么呢？

冼夫人晚年的时候，也经常向子孙们展示朝廷赐予的荣誉，还意味深长地说："我事三代主，唯用一好心。"这个好心就是冼夫人和各族部落共同的"意"，有讲究，值得寻味。

冼夫人的"好心"，其实是凝聚岭南共识的"好心"，能让岭南始终处于统一的大版图之内，保持长久平安繁荣的"好心"。

因为有这个"好心"，所以冼夫人才能屡次团结各方部落，挫败分裂和战乱的力量。

冼夫人的"好心"，不是自己一个人的，而是岭南各族都共同拥有的，冼夫人掌握了岭南百姓们的一致愿景，所以才能生动地阐释兵法所云的"上下同欲者胜"。

虽然上下同欲才能形成强大战斗力，但是，对于"欲"的准确把握和认识，还是有点难度的，尤其在容易将私欲和公欲混淆起来的时候，需要冼夫人去厘清误区，回归正常轨道。

隋开皇九年，公元 589 年，隋朝大体上完成了统一大业，但还剩下一些地方尚未纳入统一版图，其中最重要的就是岭南，"岭南未有所附"。

面对历史的又一关头，岭南各部落想要的是什么呢？也就是说他们的"欲"是什么？在改朝换代之际，有些人认为，这是一个趁机拥兵自重、割据一方的大好机会，于是好几个郡的人拥立冼夫人为主，称号圣母，颇有割据之心。

这样的"欲"，这样的"意"，这样的"心"，是与历史大潮流相违背的。

沧海横流眼花缭乱之际，需要明白人。

冼夫人很清醒地意识到，这样的欲，如此的心，切不可行，这是私欲，而不是公心。

所以，在得到陈后主的书信，被告知陈朝已亡之后，冼夫人断然出兵和隋朝配合，击败分裂势力，和隋朝合一。

冼夫人能从两难的选项中，毅然选择统一，她持的就是这份心。

而这份心能不能得到广大部落百姓的许可？

冼夫人和隋朝使者裴矩一起巡行岭南各州县，向大家展示自己这颗拥护一统之"心"，沿路得到了百姓的欢迎，这就说明了上下"同意"，所以冼夫人才可能顺利击败抗拒隋军据守南康的徐璒，挫败割据力量。

最能表明冼夫人和岭南各部上下同心的事件，就是驱逐贪吏赵讷一事。

隋朝接管岭南之后，形势基本稳定下来，各地应该安生了，却不承想番州总管赵讷贪赃枉法，盘剥百姓，岭南苦不堪言。

这个时候的冼夫人亦是义愤填膺，说："此等虎狼之吏，害我岭南子民，当驱逐之，法办之。"于是立即予以上报，委托长史张融上书朝廷，在揭发赵讷罪行的同时，也提出自己的建议，要清除墨吏，以招怀远人。所谓招怀，就是安抚，远人，即边远之民。冼夫人这番话已经上升到了政治高度，想要边疆安定，就必须用廉吏，稳人心。

《尚书·泰誓》曰："民之所欲，天必从之。"老百姓的正当愿望，老天爷会听从。这是周武王在盟津大会诸侯时所发誓语。

岭南人的所欲是什么？当然是官吏清廉，民生幸福。而这恰恰是冼夫人所欲，上下同欲，于是同心同力，借助朝廷的力量，驱逐了残害百姓的赵讷。

《礼记·大学》云："民之所好，好之；民之所恶，恶之。"老百姓所喜欢的，就大力提倡、发扬；老百姓所讨厌的，就予以抵制、杜绝。岭南人民厌恶贪官，冼夫人也和大家一样憎恨贪官赵讷，即去除了岭南百姓的心头之患。

"去民之患，如除腹心之疾。"铲除人民所忧患憎恨的，如同去掉身上的病。冼夫人雷厉风行地驱逐了贪官赵讷，即去除了岭南百姓的心头之患。

冼夫人和岭南各部同心同欲，政治上而言，即拥护大一统，珍惜和平；民意上而言，保护百姓利益，反对恶官害民。

正是有了这样的基本盘，冼夫人始终和百姓同一条心，所以才能在历次的战争中获得胜利，实现了兵法上所说的"上下同欲者胜"。岭南百姓同冼夫人"可与之生，可与之死，而不畏危"，大家一起奔赴危难，最终化解危难。这才是冼夫人克敌制胜、屡用不爽的"大兵法"。

每个人不管做什么事业，大事业也好，小事业也好，哪怕只是经营家庭也好，都要上下同欲。做到上下同欲，你就要明白自己的基本盘是什么，或者是家庭，或者是合作伙伴，或者是公司，或者是乡里，或者是班级……然后，要明白这个基本盘里的成员们的需求是什么，而不是只关心你自己需求的是什么。冼夫人知道自己的基本盘是岭南，是岭南各部族百姓，她关心的不是自己的家族能在岭南捞取什么，而是要照顾到岭南老老少少的生存、安全和利益。

有基本盘思维的人，往往就不会自私，在采取行动之际，就不会仅从个人利益出发，而是尽量符合大多数成员的利益，从而使决策不会跑样，行动不会偏向。

有不少人会吐槽："我都这么努力了，为什么大家还是不听我的，为什么阻力重重？"

有不少经营者吐槽："我都这么殚精竭虑了，为什么消费者不理睬我？"

其实，之所以大家不听，就是因为你和大家不同"欲"。

你不知道你的同伴想要什么、害怕什么。

你不知道消费者需要什么，喜欢什么。

两者之间鸡同鸭讲，自然你也就形单影只，孤芳自赏。

很多阻力来自"不同欲""不同心"。

上下同欲的"欲"，是同一个追求，同一种志向，尤其要倾听尊重别人的"欲"，区分公义的"欲"和私义的"欲"。众人之欲，是公义之"欲"，则可以相济，而且相成。

同欲，同意，同心，是兵法之关键，是兵法中的大兵法，有了这个实力，才能碾压一切取巧。所谓的欲擒故纵、诱敌深入、声东击西等兵法技巧，都是表层，没有"同欲"这个大兵法，表层技术都形同虚设，不过浮云。

过好这一生，每个人都需要一部兵法。

未必是用来争斗，但可以用来竞争；未必是用来算计，但可以用来谋划。

有人将中国古代四大文学名著归纳成四句话，《三国演义》是"军师救我"，《水浒传》是"哥哥救我"，《西游记》是"悟空救我"，《红楼梦》是"妹妹救我"。虽为调侃，但一个"救"字，说明一个事实，谁都有紧急状况，谁都需要有好军师、好办法来救，也就是说，谁的人生都需要一部好兵书。

好兵书其实就是好办法，面对种种困难，不是几句"你是最棒的""加油"就能解决的，而是需要对策。冼夫人带着岭南十万户人家，不是一句"我爱你们，我和你们在一起"就能过好日子的，而是作为首领，必须事事都能拿出良策，能帮岭南人民解决实际问题。

冼夫人能在岭南一直保持高的威望，无论怎样的风雨都能巍然屹立，除了有个好人品，关键的就是有一套好兵法。在危难的时候，大家不怕，因为冼夫人有好办法。

刘备三顾茅庐请诸葛亮出山，是请出来喝酒聊天的吗？不，是请出来打仗取胜的。

刘邦随身都要带着张良，是少一个牌友吗？不，是张良能"运筹帷幄之中，决胜千里之外"。

岭南人民拥护冼夫人，是她会演讲、情商高吗？不止如此，更重要的是她有办法，能解决问题。

好的人生，好的事业，必须和冼夫人一样，手中有一套好兵法。

冼夫人军事地位到底如何？看一个人会不会打仗用兵，应该看其能不能以少胜多、以弱胜强，能不能出奇制胜。"兵者，诡道也"，讲究的就是出其不意，逆袭取胜，历史上成功的实践者有李牧、韩信、霍去病、刘秀、曹操、周瑜、谢安等，冼夫人于军事上而言，应该也属于这一类型。对李迁仕一役，属于以弱克强、出奇制胜。

再具体而言，冼夫人的军事水平，跟三国的吕蒙、邓艾是同一档次。吕蒙善于在形势上欺骗敌人，让手下穿着白衣，冒充商人，借宿在荆州水军营寨中，然后发动奇袭，夺取荆州。冼夫人也善于欺骗敌人，以送礼作为掩护手段，突袭敌人总部，三国有"吕子明白衣渡江"，南朝则有"冼夫人送礼袭敌"。

吕蒙夺取荆州的影响和冼夫人夺取高州的影响其实差不多，前者改变了三国格局，后者在一定程度上影响了南朝格局。

就兵出险招而言，冼夫人又类似于邓艾。公元263年，魏国邓艾亲自率领数千壮士，绕过蜀汉姜维驻守的剑阁，在崇山峻岭之间走小道，甚至冒险滚下山坡，然后奇袭成都，蜀汉措手不及而灭亡。冼夫人亦是剑走偏锋，打得李迁仕措手不及。虽然奇袭李迁仕的规模和影响力没法跟灭蜀一役相比，但运兵之妙，如出一辙。

历代王朝都会建"武庙"，以祭祀一些杰出的军事将领和参谋，例如供奉姜子牙、张良、韩信、诸葛亮等人，以军事才能而论，如果要给冼夫人设一个位置，那么应该是在与吕蒙、邓艾同等的位置。

而如果从思想境界的角度来给冼夫人定位，则冼夫人的境界又在吕蒙、邓艾之上，因为和这二位良将相比，冼夫人具有明显的家国情怀、天下情怀和苍生情怀。吕蒙夺荆州，主要是为君主扩充地盘；冼夫人屡次争战，都不是为了扩充岭南地盘，也不是为了巩固自己的地位，而是为了整个王朝以及整个天下的大一统格局。

能克敌，爱家国，冼夫人的戎马生涯显示了中华民族英雄人物的崇高境界。

冼夫人的一生是成功的——一方爱戴，天下敬仰，造福苍生，留名青史。

　　许多人成功的一生，源于一部经典。

　　相传张良得了一部《太公兵法》，从此辅佐刘邦，人生开挂。

　　西汉夏侯胜，精通一部《尚书》，能成帝王之师。

　　关羽好读《春秋》，使之为人忠义凛然，富有气节。

　　后赵皇帝石勒喜欢让别人给他念《汉书》，他一生以刘邦为偶像，纵横北方大地。

　　苏轼平生最好《庄子》和《战国策》，因此他的文章汪洋恣肆，不主故常，兼具《庄子》的瑰丽和《战国策》的多变，受其影响也形成了豁达和睿智的人格。

　　诸如此类，不胜枚举……

第三章

儒家密码

托六尺之孤，寄千里之命

由于历史记载的缺失，我们很难确定冼夫人平时接触过什么经典。

但是，冼夫人的一生是经典的一生，我们可以根据她的行事风格，以及她的生存环境，包括她所在时代的文化动向来探寻她的文化根源。

我们根据史书对冼夫人的记载，来看看到底是哪部经典为她照亮人生，为岭南带来机遇。

冼夫人爱护百姓，循循善诱地引导百姓遵从礼仪，史书记载她"每劝亲族为善，由是信义结于本乡"。她经常劝亲人族人多为善举，因此，渐渐地，她的诚信和大义也牢固地树立起来。这就让人想到儒家的"修身"，先加强自身的修养，然后逐渐扩大影响的范围。

冼夫人的兄长冼挺，倚仗自己的强大，经常掠夺欺凌附近郡县，岭南官民为此叫苦不迭。冼夫人及时进行规劝，让兄长收敛，消除了一些不稳定因素，于是慢慢地各地方心悦诚服，纷纷前来归顺，势力日益壮大。这就是儒家的"刑于寡妻，至于兄弟"，刑者，做表率也，做榜样也，给妻子做出好的榜样，然后推广到兄弟，冼夫人虽然是女性，但是也符合这一条，她先自己约束好自己，然后扩展到兄弟。

她到底从哪里学到的这些管理之术？

不妨对照儒家经典寻找答案。

从这些简约的历史记载来看，冼夫人可能是刻意学习和践行了儒家的修养和治理理念，吸收了儒家仁爱的思想。孟子说"君子以仁存心，以礼存心"，冼夫人就是"以仁存心"，心中存有仁的理念，所以就劝家人、乡人、部落为善。然后在这个基础上"己欲达而达人，己欲立而立人"，自己具有仁的修养，让整个部族也跟着往仁的方向发展，自己遵循礼，让整个部族也遵循礼。孟子又说"推恩足以保四海"，君子推行恩德，足以保有四海，也就是说推行恩德的人，其影响范围就越来越大。

冼夫人这样推行的结果就是，方圆千里的人都来归顺，"海南、儋耳归附者千余洞"，这使得冼夫人很像儒家所推崇的人物——舜。舜是一个很有人格魅力的人，他很有号召力，很有凝聚力。他只要在哪里居住，就会产生神奇的现象：马上形成人群，"一年成聚，二年成邑，三年成都"，一年成为村落，两年成为城邑，三年成为都市。有人格魅力的人，总会有追随者。

儒家的治理理念就是，自身实行仁道，然后辐射到周边，再辐射到更远的地方，最后天下一家。商朝的开国天子汤，周朝的武王，都是凭借区区方圆百里的地盘而称王天下，建立大业，儒家理想的国家理念便是如此，由小到大，聚少成多。

冼夫人推行类似于儒家倡导的仁道，也在岭南及海南形成了小小的气候，促成了地方的团结、生产的发展、民生的富裕，然后又用"礼"来教诲他们，形成一个仁政的局面。这样一种先抚民然后教民的程序模式，正如同孔子对冉有所说的，对于老百姓，首先让他们富裕起来，"富之"，然后再教化他们，"教之"。冼夫人走的就是孔子、孟子所提出的管理教育百姓的路子。

所以，冼夫人早在嫁入冯家、参与政事之前，其实就已经是一个类似于舜、商汤和周武王的人物，甚至可以说是一个管理教化地方的，有着儒家先贤色彩的很有管理魄力和人格魅力的人物。

这充分证明，冼夫人有意向当时先进的思想即儒家思想靠拢，并取得了相当的成就。儒家一向主张以德服人，以仁义吸引远方的人，冼夫人就完全实践了这一理想。

冼夫人的爱民，还体现在其保护百姓利益上。冼夫人的政治军事功绩，大部分都体现在平定岭南叛乱上，积极配合朝廷，平息反叛。然而，冼夫人并非一味以朝廷为指针，不分青红皂白地取悦朝廷。

隋朝委任的番州总管赵讷盘剥百姓，欺压良民，引发百越反抗，百姓们或者武装对抗，或者逃离远遁。冼夫人了解情况后，拍案而起，愤怒地说："岭表百姓，都是老身的乡亲，兄弟姐妹，我们一向奉大隋为正朔，老实安分，厚道淳朴，岂能容一介贪墨之臣鱼肉。"于是立即命令张融上书朝廷报告贪吏的罪行，为岭南各族百姓请命，并且向朝廷建议如何安抚岭南。隋文帝也是爱民之主，看到了冼夫人委托张融的上书之后，龙颜大怒，采纳了冼夫人的建议，将赵讷绳之以法。

推翻墨吏赵讷是冼夫人政治生涯当中的最后一次壮举，可以想象她当时白发苍苍但正气凛然，怒斥贪腐的高大形象，也让人想起和她相隔千年的圣人孔子，听说弟子冉求为鲁国权臣季氏当助手，替季氏盘剥老百姓时，勃然大怒，大义凛然地说："非吾徒也，小子鸣鼓而攻之可也。"冉求是非不分，助纣为虐，他已经不是我的学生，大家可以敲响战鼓攻打他，老师我绝不追究。

冼夫人怒而告发赵讷的时候，当年孔子怒而驱逐学生冉求的正义能量，也在她的身上迸发出来，这证明冼夫人继承了儒家爱民抚民的民本思想。

孔子驱逐冉求，冼夫人驱逐赵讷，有着相似的性质。

同时，冼夫人身上还有孟子所说的那种浩然正气。孟子说："其为气也，配义与道；无是，馁也。"这种"气"必须与仁义道德相配，如果没有仁义道德的充实，就会缺乏力量。

冼夫人具有浩然正气，她的正气不只是做事果断有气魄，善于行军打仗，更是因为她待族人仁义，待国家忠心，始终站在一统的立场上，仁义道德和家国大义，一样也不缺。她就是岭南的一股浩然正气，也让岭南成为中华大地上的一股浩然正气。

在孟子看来，具有正气的人，就是自我反省而不理亏的人，这样的话，即使孤身一人面对千万敌人，也会义无反顾地勇往直前，"自反而不缩，虽千万人，吾往矣"。这种正气浩然之举，在冼夫人身上表现得很明显，在历次风云突变的事件中，冼夫人从来没有退缩过，总是勇敢地迎难而上，向分裂国家的势力亮剑，充分体现了孟子所说的浩然正气。尤其是那一句"我为忠贞,经今两代,不能惜汝辄负国家",掷地有声,正义凛然,从中能够令人感受到孟子的"正气论"在铿然作响。

综合而言,一个体现儒家思想的政治人物应该是怎样的呢?"可以托六尺之孤,可以寄百里之命,临大节而不可夺也。君子人与?君子人也。"这是孔子的弟子曾子说的,按照儒家的标准,什么才是君子?就是那种可以将幼主托付给他,可以把政权托付给他,面临大事的时候不会改变原则,具有气节的人。

这里其实又讲到了一个话题:托孤。在中国古代的政治伦理当中,可以将身家性命托付的人,是真正的君子,其实这要求蛮高的,一般人根本做不到。这是对"相"的要求。在冼夫人之前,最有名的托孤大臣就是周朝时期的周公,汉朝时期的霍光,三国时期的诸葛亮。周公的事情太遥远,历史记载较少,不作详述。汉武帝临终,将当时八岁的儿子刘弗陵托付给霍光、金日磾、桑弘羊和上官桀,汉武帝看中霍光的一点就是他为人有定性。霍光也没有辜负汉武帝,尽心尽力辅佐,让西汉王朝在后强人时代,平稳过渡到中兴时期。刘备兵败夷陵,在白帝城托孤诸葛亮,对刘备的信任,诸葛亮也报之以"鞠躬尽瘁死而后已"。

霍光和诸葛亮能被后世肯定，就在于他们不负托孤使命，能保质保量完成嘱托，甚至以生命为代价完成任务。"托孤"可以说是检验一代贤臣名相的试金石。与诸葛亮同时代的司马懿，也是托孤重臣，曹操向他托孤，魏明帝曹睿向他托孤，但为何他没有美名，反而被史书唾骂呢？不是他没有才，不是他没有经营好曹魏，而是因为他在托孤方面有着糟糕的表现，他趁此机会把老东家的家业抢了过来，甚至他的后人还当街杀皇帝，这于封建伦理而言，实为大孽。即使是当代社会，这也算是没有职业道德。

冼夫人就是曾子所说的这种"君子"，儒家标准的君子。在梁朝和陈朝交替的关键时刻，冼夫人的夫君冯宝病逝。冯宝的病逝不是件小事，因为他也是岭南的实力派人物，掌管着罗州、高州等处，也有土地人众。虽然史书没有记载，但可以合理合情地想象冯宝临终前，拉着贤妻冼夫人的手，忐忑而诚恳地说："岭表托付给夫人了，我们的子孙托付给夫人了。"冼夫人满含泪水，悲痛不已的同时，连连点头。这既是家庭意义上的夫妻诀别，也是两个有使命的政治人物的交接，或者可以说是夫妻版的"白帝城托孤"。冯宝临终，一方面是对冼夫人满满的信任，一方面也是对贤妻的不舍和深深的担忧。

冯宝死后，留给冼夫人的，确实是很沉重的担子。想当年诸葛亮辅佐幼主，治理巴蜀汉中，忽然有大敌当境，五路而来，诸葛亮不慌不忙，安居平五路，谈笑之间化险为夷。而洗夫人面临的形势，一点儿也不比诸葛亮轻松。冯宝死后，岭南又陷入混战，各地纷纷大乱，冯宝家族所管辖范围和洗夫人所统领部族不相融，兵刃相接。还有一些不轨之徒，趁着冯宝刚死，出来兴风作浪。在这个危急关头，洗夫人挺身而出，极力使岭南各地局势稳定下来，一切争斗风平浪静。

当时冯宝和洗夫人的孩子不到十岁，也可算得上是"孤"，只不过是丈夫托付给妻子而已。为了处理好和南陈王朝的关系，洗夫人特意派遣岭南各路首领、酋长，和其九岁的儿子冯仆一道北上南朝的统治中心。跨过南岭，穿过豫章，路程不近，这一次跋山涉水的远行，对于一个九岁的孩子确实不易。在江苏的丹阳，年幼的冯仆受到南朝开国君主陈武帝陈霸先的接见，并被封为阳春太守。通过这一任命，明确了朝廷对岭南、对冯氏家族和洗夫人的信任，也昭示了岭南的稳定局面。

洗夫人以这种方式来执行"托孤"的使命，保证了南陈王朝对岭南的信任，为岭南百姓赢得了安定的生存环境。这就是曾子赞许的"可以托六尺之孤，可以寄百里之命"。无论是冯家的子孙，还是岭南的"百里之命"，都得到了妥善的安排。

洗夫人把年幼的儿子送到遥远的建康城去，一位母亲能下这么大的决心，不是因为心狠，也不是因为势利，而是吸取了冯氏家族的历史教训。冯宝是北燕皇族的后代，当年他的祖先就是因为舍不得将太子送给北魏做人质，导致国破人亡，子孙飘零。

在《触龙说赵太后》中，赵国遭受秦国围攻，向齐国求救，齐国提出要求：要以赵太后的小儿子长安君为人质。赵太后刚开始极力反对，后来经过老臣触龙巧妙的劝谏，赵太后还是答应了齐国的条件，将长安君送到齐国当人质，换来了齐国的救兵，解救了当时的危难。冼夫人毫不犹豫地将孩子送到南陈王朝，就深明大义、舍小我为大我而言，冼夫人的境界明显比赵太后高。

接下来还有一句，那就是"临大节而不可夺也"，照顾好了下一代，让"百里之命"的有所托，还有一点不能马虎，乃是面临重大变故该怎么办。冯宝死后，冼夫人和岭南面临的重大变故非常多：第一次"临大节"是欧阳纥叛乱，第二次"临大节"是徐璒抗拒隋朝入岭南，第三次是王仲宣叛乱。这可以说是冯宝死后冼夫人面临的三次大考，冼夫人凭借自己的气节和智慧，一一应对，向亡去的夫君、自己所热爱的岭南，以及天下人，交了令人满意的答卷。无论哪一次重大变故，冼夫人都坚持了国士般的气节，不动摇，不妥协，最终克敌制胜。

托孤，委命，不夺节，儒家君子的标准，儒家相国的要求，冼夫人都做到了。冼夫人有没有读过儒家经典，不得而知，但她达到了儒家先贤所提倡的境界。

做人要能"托孤"，即值得托付。即使不是托付孩子，而是托付重要的事情，是否有诚心去办、有实力去办，这是考验一个人为人品质和办事能力的重要指标。一个能被"托孤"的人，就是一个能被社会信任的人。

冼夫人身上显示的，不只是儒家的道德和规范，也有儒家的变通和智慧，且看《论语》之"雍也篇"有这么一段对话：

宰我问曰："仁者，虽告之曰：'井有仁焉。'其从之也？"

子曰："何为其然也？君子可逝也，不可陷落也；可欺也，不可罔也。"

孔子的弟子宰我问孔子："作为一个有仁德的人，如果有人告诉他，井里面有一个人，仁者会听从他的话下井救人吗？"孔子这样回答："怎么这么说呢？君子可以前往，到井边去，但不会轻易下到井里面去；君子可以被正当的理由欺骗，但是不会被不正当的理由所愚弄。"这充分显示了有仁德的儒家君子为人处世的智慧，处理突发事件，既有原则性，也有灵活性，不会被蒙骗。

冼夫人处理李迁仕事件，就充分表现出了儒家这种"君子可逝也，不可陷也；可欺也，不可罔也"的处世技巧。李迁仕诱骗冯宝前去商议大计，冼夫人夫妇并没有拒绝，既然你李迁仕是以国家大事来召唤，那我们不去也不妥当，就如同告诉君子说井里有人，君子可以选择相信，这就是所谓的"可欺"，但冼夫人充分认识到了李迁仕的阴险用意，名义上是共赴国难，其实是想要割据从贼，我不上当，这就是"不可罔也"。

但如果是冒冒失失去李迁仕那里，不做任何防备，那就如同听说井里面有人，马上就下井，不是仁义，而是傻，不是厚道，而是蠢，仁义厚道不能和愚蠢画等号。冼夫人一面答应前去和李迁仕商议，另一方面又积极做好备战，既没有傻乎乎地跳到井里，保全了自己，又解决了意图欺骗自己的人，进行了有效"反杀"。冼夫人的智慧，充分体现了儒家思想的灵活性。

冼夫人对自己所信仰的东西，敢于拿到岭南百姓当中去检验。隋朝大将裴矩南下之际，冼夫人相信大一统的趋势是岭南老百姓所乐见的，所以她骑高马，张罗伞，声势浩大地和隋朝将军巡游各地。后来，在处分贪官赵讷之后，她又拿着皇帝的诏书，四下里传布朝廷的旨意，收拢岭南的民意。这两件事情都说明了冼夫人能准确地判断民意，能准确地判断民意和朝廷之意的对接。

战国时，齐宣王攻打燕国，齐宣王对此没有把握，就问孟子的意思，孟子回答说："取之而燕民悦，则取之。"如果燕国老百姓喜欢，你就去做吧。冼夫人有充分的信心相信岭南的老百姓支持拥护她的做法，一定会"悦"，所以才敢大胆地广而告之，大大方方宣传，因为她相信，自己向往的好，就是大家向往的好。

让大家来我身边，而不是我去征服大家，这是冼夫人凝聚众力的诀窍。

中国传统文化其实不讲究征服，而是讲究感召，而感召的方式就是加强自身修养，然后传播影响力，即儒家所说的修身齐家治国平天下。冼夫人从自己出发，影响到自己家族，例如制止兄长的抢掠行径，然后覆盖到整个岭南，再影响到天下。想要自己成功，就要让大家朝你走过来，而不是你去拉别人、拽别人。冼夫人在影响中国历史之前，就是凭借自身修养品行让岭南的人们向她走来的。

儒家讲究礼仪和规矩，常常被人误以为迂腐，实际上，儒家是讲变通的，面对真伪不定的信息时，总是根据情理来判断，不会冒失地随便跟进。冼夫人就有这种行事的技巧，值得借鉴。如果没有处事的灵活性，冼夫人在那个复杂多变的时代，早就被算计千百回了。

冼夫人有没有读过儒家经典，虽无史料可考，但从她的婚姻而言，从她所处时代而言，冼夫人是很有可能接触儒家文化的，甚至可能是无法回避的。

先看她的婚姻。

冼夫人之所以声震一方，成为中国统一史上一个重要人物，和她的婚姻有很大关系。甚至可以说，她的婚姻在很大程度上成就了她。

冼夫人的婚姻恰好是她接近儒家等先进文化的一个重要渠道。

当时在岭南罗州任刺史的冯融，是北燕皇族之后，也是地方贤吏，他任职期间，用汉文化熏陶百越地方，还引进善于诗书之人，和他们一起吟诗作赋。在他的管理下，地方上安居乐业，欣欣向荣。然而，冯家虽是世族，但毕竟不是当地家族，在执政期间，出现了"号令不行"的尴尬局面。为了克服这个困难，冯融想到了一个办法：和当地联姻。儒家思想要在岭南落地、接地气，就得和岭南有实质性的接触，婚姻就是这种实质性的接触。他想到了高凉郡的冼家姑娘冼英（史书上并没有标明冼夫人的名，冼英是后世人杜撰）。这里顺便说一句，史籍记载冼夫人为高凉人，到底具体是哪里人，后来的研究说有阳江、电白和高州三种说法，这里就不一一细究了。

当时冼英的贤名已经播于远近，如果得到这么一位贤女的辅助，冯家在岭南的管理就方便多了。于是，冯融为儿子冯宝向冼家提亲，当时的冯宝是高凉太守。

这一桩婚姻确实是政治联姻，开创了岭南与北方联姻的先河，但其意义远不止于此，汉族官吏冯家与俚族大首领冼氏的联姻，其实就是将岭南人和北方汉族人有效地连通了，汉文化进一步输入粤西，儒家文化向岭南地区渗透。

冼夫人的公公冯融，确实是一位饱学之士，自不必多言，冼夫人的夫君冯宝，也绝非一个按部就班子承父业的公子少爷，其实他不简单，也是饱读儒家诗书的儒生。

空口无凭，我们来"检查"一下冯宝的学历和经历。

冯宝有过硬的求学经历和文凭，大约在他弱冠之际，就北上当时梁朝的都城求学，就读的也是整个南朝的最高学府——太学。

冯宝在建康城求学的那段时期，是儒家文化发展的一个高潮时期。就求学而言，冯宝算是遇上了一个好的时代，一个对的时期。在梁武帝之前，儒学有相当一段时间处于低谷期，尤其是东晋以来的清谈之风、尚玄之风，严重冲击着儒家文化。梁武帝登基之后，意识到问题的严重性，他上台不久就重新建立国子学和太学，并且强制王侯贵族学习儒学，自己也时不时地去学校视察讲课情况，多多予以物资上的奖励。

具有开创意义的是，梁武帝通过考试录取人才，选拔官员。其具体方法就是，考生只要精通儒家的一部经典，通过考试合格之后，就可以成为官吏。儒家经典成了进入官场、进入社会的敲门砖，不认真学习哪行？于是，苦读儒家经典成了社会热潮。

有没有专门针对少数民族的儒学教育？

答案是：有。

和岭南等少数民族地区相关的是，梁武帝还为少数民族子弟设置专门的儒家文学学习机构，这个机构叫"集雅馆"。朝廷以办学校的方式，主动向少数民族传输汉文化。由此可见，在南梁王朝的时候，汉文化，主要是儒家文化，已经向少数民族传播，对岭南地区造成了影响。

在梁武帝的重视下，梁朝的儒学飞速发展起来，当时的建康城成为南朝的学术中心，"十数年间，怀经负笈者云会京师。"十多年的时间，那些饱读儒家经书之人，纷纷前来求学，都云集在梁朝的京师。而年轻的冯宝，也是当时这些"怀经负笈者"中的一员，后来也通过了选拔官员的考试。

可见，冯宝就是一名儒学弟子。

冼夫人嫁给儒学弟子，焉能不耳濡目染，潜移默化。

再把眼界扩大，放到更大的背景里，说说北方。

在冼夫人之前二百多年，氐族建立的前秦就实行了一定程度的汉化政策，氐族贵族子弟被送入以儒家思想为主的太学学习。更值得一提的是，君王苻坚最为依赖的谋士就是汉人王猛，甚至在王猛和氐族贵族发生矛盾的时候，苻坚站在王猛这一边，毫不留情地打击王猛的政敌。

再说得远一点儿，在前秦之前，北方有个政权名为后赵，其皇帝石勒是羯族人。他目不识丁，但是经常请人给他念《汉书》，听取汉人的历史故事，从中学习军事政治知识，并且很快成为汉高祖的"小迷弟"。石勒是熟悉汉人的历史的，还对西汉魏晋时期的人物做了点评，例如他评论刘邦、刘秀、曹操和司马懿，石勒认为，如果他遇到刘邦，就会俯首称臣，成为像英布、彭越那样的武将，为刘邦效力；如果遇到刘秀，就会与之逐鹿中原，争个高低，胜负难料；至于曹操和司马懿，都是欺负孤儿寡妇的"渣男"，在他看来，不值一提。这个典故的可信度不知道有多高，但它至少说明了，进入中原且建立了政权的少数民族政权，已经开始向汉民族学习，《汉书》可能已经成为"历史教材"，曹操、司马懿这些人物他们已经耳熟能详。

石勒重用汉人张宾，任命其为首席谋士，"引为谋主"。石勒对张宾言听计从，而且对张宾十分尊重，每次上朝的时候，作为皇帝的石勒，对张宾都是恭恭敬敬，不敢马虎。石勒听从了张宾的建议，每次将俘虏来的汉族士人，都集中起来任用。

再说到更远一点，在石勒之前，首次向西晋发难的匈奴首领刘渊，就已经博学多识，对儒家的经史十分精通。刘渊经常和中原的学者来往，拜上党人崔游为师，喜好读《春秋左氏传》和《孙子兵法》。从文化上而言，他已经和当时的汉人没有什么区别。

至于北魏，则进入了汉化的高峰期。大家都知道北魏孝文帝拓跋宏，他是所有北朝皇帝中推行汉化政策最有力的。鲜卑族出身的拓跋宏，在任期间，干脆将国都迁到洛阳，用汉服代替鲜卑服，用汉语言代替鲜卑语言，下令规定"不得以北俗之语，言于朝廷，若有违者，免所居官"，如果谁违背朝廷的命令，讲鲜卑话而不讲汉话，则会被免职。又将鲜卑族的籍贯改为洛阳籍贯。甚至改鲜卑姓为汉姓，将拓跋改为元，改步六孤氏为陆氏，改贺赖氏为贺氏，改独孤氏为刘氏，改贺楼氏为楼氏，改勿忸于氏为于氏，如此一来，鲜卑人基本上都换成了汉姓。

这种趋势更表现在北方对南方人才的抢夺上。

公元 554 年，北方的西魏政权南下攻破江陵，掳掠南方大量士人北上，南朝的学者颜之推也在这个行列。

　　同样是被掳掠的南方人，但命运不同，而决定命运的，是看有没有文化，而不是看家族地位。南朝由于长期的门阀制度，贵族子弟不用读书也能博得功名、占据高位。但是，被掳掠到北方之后，事情就发生了转变。西魏的政权会对这些俘虏进行甄别，甄别的标准就是有没有读书。如果是贵族，但是没有读书，就会被贬为奴隶，去养马放牛，从事苦力劳动。如果俘虏的是平民，甚至是下层劳动者，但是有一定的知识，例如读过《论语》和《孝经》，就会被请为上宾，从事文化工作，甚至提拔为官员。《论语》和《孝经》就是儒家的经典。

　　颜之推的《颜氏家训》如是记载："自荒乱以来，诸见俘虏，虽百世小人，知读《论语》《孝经》者，尚为人师。虽千载冠冕，不晓书记者，莫不耕田养马。"从客观上看，这其实形同和南方朝廷抢人才。这样的例子有很多，南朝大臣、诗人、辞赋家庾信出使西魏之后，就被扣押不再回南方。

　　南北朝时期，一些王朝比较重视儒学，北方在汉化，南方也在向少数民族地区推广儒学，并且设立专门的学校。冼夫人的夫君也是在南朝国都建康城学习过的儒生。这一时期，所有地域，都在向比较先进的文化靠拢。冼夫人学习儒家文化的途径有很多，在当时已经很是平常，在潜移默化之下，她的言行充分体现了儒家的精神。

中华传统文化，就是一部大经典。除了有字的经典，也有无字的经典，不少圣贤，不少英雄儿女，诸如冼夫人，都用自身的品德和行动，让中华文化闪耀光辉。儒家的仁义礼智信，儒家的浩然正气，儒家的天下观，以及传统的为民请命，都在冼夫人的身上得到了充分而精彩的体现。

我们要从史书经典中学习先贤的智慧，也要从圣贤和英雄儿女的身上去学习不朽的精神。

冼夫人的一生，折射了儒家的思想和智慧，那么，冼夫人在中国古代贤臣良将的行列里，处于什么位置呢？从儒家的标准来看，冼夫人的一生算不算成功呢？或者说，她的成功属于哪个档次呢？

汉武帝之后的中国封建社会，评定一个政治军事人物的标准，往往是从儒家的角度出发，遵循儒家忠孝仁义、以身许国标准的士大夫，就是所谓的贤相良将。从周朝到明朝，有周公、叔向、子产、霍光、诸葛亮、谢安、房玄龄、杜如晦、魏征、郭子仪、张巡、寇准、范仲淹、岳飞、陆秀夫、于谦、海瑞等，数不胜数。这些人物要么有谋国之忠，要么有为官之廉，要么曾抵御外侮，要么是范言直谏。他们构成了以儒家思想为坐标的贤相良将大展台，也成了中国古代检验忠奸贤愚的标杆。

　　在中国古代读书人的眼里，这些大贤大德就是人生成功的标志，就是中华几千年以来的脊梁，能进入这些人物的行列，则是莫大的荣幸与成就。

　　以这些将相士大夫为参照，我们看看冼夫人的一生是不是成功的。

　　首先，我们结合中华古代文明关于成功的定义，以及现代社会关于成功的误区，进行一一分析。冼夫人形象里的一些积极元素，可以显示我们传统文化关于成功的定义，更可以纠正现代人一些对成功的误解。

　　我们中国古代关于成功，基本上有两类认识。

　　一类是比较通俗的：光宗耀祖，衣锦还乡，功名富贵，封妻荫子。建功立业了却君王事，然后功成身退。

　　一类是较深层次的："穷则独善其身，达则兼济天下"，以一生的经历去实践儒家的"仁"与"义"。

　　第一类是古代社会的常态。在先秦时代，苏秦在四方游说成功之后，身上佩着六国的相印，看到当年不怎么看重自己的父母嫂子毕恭毕敬迎接他的时候，不由得慨叹："贫穷则父母不子，富贵则亲戚畏惧。人生世上，势位富贵，盖可忽乎哉？"人穷了父母都不把你当儿子，一旦富贵了亲戚都怕你，人生在世，权力和富贵，难道可以不重视吗？苏秦的话可谓发自肺腑又心酸不已。

到了秦朝末年，连喑恶叱咤、横扫暴秦的西楚霸王也不能免俗，说："富贵不归故乡，如衣锦夜行，谁知之者？"发达了而不回故乡显摆一下，就好像穿了最昂贵的衣服却在黑漆漆的夜晚走路，谁能看到呢？富贵了就要"刷存在感"，不然就白富贵了。后来他的对手刘邦就实现了这个梦想，回沛县大宴乡亲邻里，高唱大风歌，狠狠地秀了一把。

《儒林外史》里的名场面"范进中举"，讲的就是穷秀才范进听说自己考中举人，猝然之间所有的悲欢一时涌上，心智一时承受不了，竟然疯了。可见他的成功就是考中功名，出人头地，日思夜想，久盼不得，朝夕之间一旦得到就疯魔，因为这个现实已经冲破了他人生理想的天花板。科举社会还有一句话，那就是"朝为田舍郎，暮登天子堂"，成功的标准就是能够登上天子的朝堂，当上朝廷命官。

再说一下和冼夫人差不多时代的人，是怎么看待成功的。

首先说梁武帝。冼夫人镇抚岭南的早期，正是梁武帝当政的时候。冼夫人肯定是知道梁武帝的，梁武帝肯定也对冼夫人有所耳闻，毕竟南梁王朝和岭南有过强烈的接触。如果剔除侯景兵变这段历史，梁武帝可以算是中国史上皇帝圈里的人生赢家。坐镇南方四十七年，而且在位期间，国泰民安，国力之盛，一时无两。况且本身就才华超群，勤于国政，再加上八十六岁高寿，确实成功已极。可惜侯景一乱，盛世烟消云散，梁武帝自己也饿死台城。

梁武帝也清醒地认识到自己曾经的成功，也很在乎这个成功，但似乎他秉持的不是一份公心，而是把江山当成自身的附属品来看。梁武帝在临终前，说了一句话："自我得之，自我失之，亦复何恨。"我自己得到，我又自己失去，我成功了，又失败了，又有什么可遗憾的，只在乎曾经拥有。这句话就深深地暴露了梁武帝的内心世界。一个"得"字和一个"失"字，完全是围绕着自己转，说自己不计较，其实就是计较，得失心很重。江东百姓的苦难，战火下建康苍生的痛哭呻吟，似乎都不曾在梁武帝心中泛起一丝涟漪，他在乎的只是自己曾经的辉煌，用"得到过"来宽慰自己，说到底还是停留在计较得失的地步。

苏秦得到后的激动感慨，项羽生怕不为人知的焦虑，梁武帝强自宽慰的尴尬，他们的事业成功程度应该比冼夫人高，但他们的胸襟远不如冼夫人。

过于把成功视为一己之物，结果往往有很大瑕疵，甚至结局极其不完美。

苏秦是成功人士，但不是中华民族的精神榜样，因为他的成功过于强调"术"，其对当今的影响力反而不如事业不成功却深得人心的爱国诗人屈原；项羽最后的结局得到了司马迁的嘲笑；梁武帝临终前也只能发出自欺欺人的感叹。

冼夫人的境界高，原因就在于她对成功的态度不一样。

冼夫人始终把自己的一生放在岭南这片大地上，但她又没把坐镇岭南当成一种个人的成功，丝毫没有作威一方的意图，这就是她在境界上高出于梁武帝的地方。

在南北朝时期，有兵有粮草，就可以割地为王，甚至称帝，例如东晋的权臣王敦和桓温，以及苏峻，手里兵马稍微一多，就开始觊觎东晋王室，兴兵作乱。而且这些人的自我意识极强，例如桓温最关心的就是自己能不能扬名千秋万代。有一次和同僚们谈话时，忽然他这么来了一句："既不能流芳后世，不足复遗臭万载邪！"既然不能流芳百世，那我遗臭万年还不行吗？求名之心，跃然言语之间。

而冼夫人有如一股清流，在求名求利日炽的南北朝时期，这清流在岭南缓缓流淌。她从不曾想以岭南为地盘，盘踞这里作威作福；她也不曾想以岭南为筹码，利用这里邀官邀名。她总是为岭南找方向，设置最好的定位，所以尽管冼夫人功绩很大，但关于她个人的功名利禄，史书中鲜有记载，为何如此？就是因为她完全没把自己的名利当回事，极为淡泊，每到决定岭南生死存亡的危急关头，她才挺身而出，为民解难。她的成功与否，以岭南的安危为标准。

不只是古代为官、为将者对待存在感、对待名利应该这样，所有人都应该这样，不要把成功仅看作一己私利的满足，而要放眼更高层次的追求，这样的成功才是真正的成功。

那么，冼夫人的成功境界，如果放到整个中国历史长河来定位，以儒家思想为标准，她在哪个层次上呢？

再看中国历史上第二类成功。

关于成功，孟子曾经有过两句话，一句是"穷则独善其身，达则兼济天下"，如果个人境遇不顺，不能作为，那就做好自己的修为，提高个人的境界，发达了就要为天下苍生服务。

还有一句是："君子有三乐，而王天下不与存焉。父母俱存，兄弟无故，一乐也；仰不愧于天，俯不怍于人，二乐也；得天下英才而教育之，三乐也。"父母兄弟姐妹个个都在，团聚一堂；做人坦坦荡荡，仰对天也好，俯对地也好，没有愧疚的地方；能够当一个好老师，教一批精英学生——这是君子的三种快乐，而不包括当上君王。君子的快乐应是与权力无关的。

第一句话适合士大夫，第二句话适合一般读书人。

都不是以个人富贵作为成功的定义。

中国历史上，不少志士仁人，都有自己的成功观念，而最有名的就是范仲淹的"先天下之忧而忧，后天下之乐而乐"，这前面还有几句："居庙堂之高则忧其民，处江湖之远则忧其君。是进亦忧，退亦忧，然则何时而乐耶？"在朝廷也忧，退出朝廷也忧，那什么时候才快乐呢？接下来的"后天下之乐而乐"就是答案，即等天下百姓都快乐我才敢快乐。所谓快乐，就是成功了。

在范仲淹看来，让天下人快乐，才是成功。这是施予之乐，而非夺取之乐。

从这个角度而言，冼夫人完全可以跻身于优秀士大夫行列。

从"达则兼济天下"和"穷则独善其身"而言，冼夫人都做到了。当然，冼夫人是出身不一般的女性，她的家族世世代代都是南粤的统领，她走上首领这个位置，完全不需要逆袭和格外艰苦的奋斗。但这并不等于她没有"穷"的时候，冼夫人所谓的"穷"，可以理解为她的影响力尚未走出岭南，尚未和南朝或者北方政权发生接触之际。但这时的冼夫人并没有躺在祖宗的基业上睡大觉，而是自觉加强内在修养，在为将来做准备。

这些准备有军事上的，例如学习谋略，训练部落；也有管理上的，例如严格约束本族的行为，实地运用儒家的礼仪，"约束本宗，使民从礼"。冼夫人不仅约束普通部落成员，也严格要求自己的家人，兄长冼挺好劫掠他部，被冼夫人一次次晓以大义，加以阻止。

"独善其身"于冼夫人而言，不只是加强自身的修养，更多的是加强自己家庭、部族、地方的修养，以她严明果断的行事风格，带领整个岭南地方提升。人在南北朝乱世，随时会遇上动荡，到时候何以自处，何以应付，平时的自修功夫很关键。"独善其身"的"身"，不只是冼夫人本人，而已经放大到了岭南整个地方。天下虽乱，但冼夫人可以"独善岭南"。

历史证明，冼夫人为地方做的"修炼"，是很有作用的，甚至起关键作用。政权数次更替，岭南地方一时混乱，但是很快就能收拾局面，走出乱象，趋向稳定，这和平时的训练有素是完全分不开的。

梁朝变局，陈朝更替，隋朝一统，这些变化发生的时候，岭南地区并未能置身局外，每一次风浪都波及了这里的山岭城乡、大小州县，冼夫人能从容地周旋其间，并且主动出击，争取岭南的有利地位，这就是孟子说的"兼济天下"。说冼夫人兼济天下并不过分，因为在时代变局当中，岭南的分量越来越重，起的作用越来越大，恰好有冼夫人这么一位足智多谋、心怀正义的首领，总是选择了最佳的方案和道路，不只是为岭南各部争取了利益，也为稳定乾坤，平定天下贡献了一份关键的力量。如果没有冼夫人所率领的岭南的助攻，隋朝不会那么理想地收拾局面完成统一。

冼夫人对于天下而言，确实起到了比较关键的作用。

岭南不可缺冼夫人，天下也不可缺冼夫人。

冼夫人是可以和中国史上不少优秀士大夫相提并论的，甚至超过了其中许多人物。

冼夫人的成功人生，是基于天下大局的成功人生，是可以独善其身且兼济天下的成功人生。所以我们论人生赢家，论成功的人生，必须要看大局，这种赢家，这种人生，这种成功，是不是为苍生立命，为万世开太平。

如果只是一己之私的成功，会有很大局限性，迟早会被唾弃，例如"朝为田舍郎，暮登天子堂"的成功人生模式，现在已经成了一个笑话，这不只是因为科举制度已经被废除，更是因为这样的成功格局太小，惠及面太狭窄，说白了就是太俗。

冼夫人的成功不俗，格局大，所以历经千余年，一直没有局限性，一直被称颂。

再有孟子所说的"三乐"，其中一句很关键："仰不愧于天，俯不怍于人。"抬头看天，不惭愧；低头看地，不内疚。成功的人生，就是心中无愧。冼夫人的成功人生，也是符合这个标准的。自冼夫人出现在历史舞台，她做事都是出于公心，局势平静时，她不徇私枉法；局势变乱时，她始终站在岭南人的利益这一边，哪怕是亲儿子被人扣押，哪怕是亲孙子勾结敌寇，她都一律以国家利益为重，不顾私利，不徇私情，为大义有担当。所以，冼夫人自始至终坦荡无私，心中天地自宽。

以不惭愧作为人生成功的一个标志，也是我们中国传统儒家文化的一个特色。王阳明去世之前，强调说："此心光明。"所谓光明，就是为人没有值得惭愧的地方，王阳明觉得到了这一步，人生就无憾，无憾即是成功了。

现代人流行一句话："何以解忧，唯有暴富。"把物质财富的获得，视为人生成功的唯一标志，虽然求富的心情可以理解，但是将其作为人生快乐的巅峰，格局就不免低了。而且如果成为社会主流思想，会贻害无穷。以"暴富"作为人生的唯一目标，对物质财富的渴望会扭曲人的心灵，为此不择手段，无所不为，出卖人格，作奸犯科，人间将成地狱。

追求物质财富可以理解，可以鼓励，孔子也说"富而可求也，虽执鞭之士，吾亦为之"，如果富贵可以求得，哪怕让我去当车夫也不是不行。

但成功一定要建立在无愧于心的基础上，我获得，不是因为剥夺了别人；我暴富，不是因为损害了社会。这样的成功才可以让人真正地开心。

所以，冼夫人说"用好心"，一切作为，用的是"好心"，从"好心"出发，以"好心"为归依，那获得的成功，包括富贵，就是没有风险的。洗夫人每年把自己获得的赏赐，大大方方"晒"给部落里的人看，其实就是把自己的成功"晒"出来，也说明了这成功是建立在"用好心"的基础上，光明磊落，没有不可以展示的。

不令人惭愧的成功才是长久不衰的成功，这是洗夫人成功的一大密码。它不是一种技巧，而是一种修养，一种历尽世事才能醒悟的修养。

将洗夫人和范仲淹对比，似乎有些不太好理解。

洗夫人是一方首领，范仲淹为一朝名相。洗夫人的施政影响主要是在岭南一隅，虽然她的名声垂于中华千秋长河，但实际作为还是在东南之地。范仲淹是大宋高官，实际作为的影响力覆盖全天下。

但是，洗夫人的情操境界，可与范仲淹并列。

范仲淹心系天下，忧乐与天下共之，其出发点是家庭、家族，然后再扩大到天下。范仲淹自小丧父，随改嫁的母亲至朱家，长大后方知自己本家姓范，于是脱离朱家，只身在外读书，然后考取功名，获得身份独立。晚年时，范仲淹忧虑范氏家族可能有不少像他这样的人，幼年成孤儿，流离失所，或者老无所养，衣食无着，于是他大办福利事业，节省俸禄购买田产，在苏州首创"义庄"，以救济赡养范氏家族当中贫苦无告者。

范仲淹自己发达了，但并没有考虑自身的富贵，而是接济家族，付出之大，以至于自己贵为宰相却不得不节衣缩食。范仲淹从自身家族出发，心忧天下，于是为苍生挺身而出，发动"庆历新政"，革除弊端，造福百姓。

范仲淹是中国传统士大夫的典型之一，其品质的最大特点就是，一举一动，一言一行，都是以大众、以天下为出发点和目的地。

冼夫人虽然不曾明言过忧和乐，也没有这方面的记载。但是，从其一生行迹来看，她也是以一方之忧乐为出发点，最大的特点就是不顾一己安危。例如，和李迁仕周旋的时候，冼夫人不顾自己的安危，冒险带着将士们乔装前往虎狼盘踞之地，发起奇袭，以莫大勇气和智慧，前往军事要地与劲敌厮杀。面对刀山火海毫不畏惧，是因为冼夫人怀着一颗忧岭南安危之心。

当隋朝政权走向岭南的时候，冼夫人已经是古稀老人，满头白发，一身征尘，但她依然跋山涉水，遍历岭南，深入这片大地的角角落落，向乡亲晓谕大势，难以想象，七十高龄的她，是怎样克服一路颠簸和风餐露宿的。以高龄而奔走，就是因为她怀着一颗忧岭南前途之心。

和范仲淹一样，冼夫人的所有行动，都是围绕百姓的。军事行动上的进也好，政治举措上的退也好，都是紧紧维系岭南这一方。且不为胁迫所惧，不为利诱所动，正是范仲淹所言"不以物喜，不以己悲"。天下的变动，朝代的更替，即冼夫人所面对的"物"，儿子被扣押，孙子拥兵不动，即冼夫人的"己"，但冼夫人做到了不喜不悲，不惊不惧，她的为人境界，可比肩范仲淹。

张载认为儒者的使命之一应该是"为万世开太平"，冼夫人就称得上如此。具体而言，就是"为岭南开太平"，为岭南，就是为天下，从南北朝到隋朝的岭南，确实关系到天下太平大业，冼夫人及其后人至少开了百年太平。

而让冼夫人能够在中国传统士大夫中立一席之地的，而且是范仲淹等人所不能及的，就是她让美丽的海南岛回到祖国的怀抱当中。据史料记载，冼夫人去过五次海南，让海南处于自己的管辖范围之内，其实也就是处于当时朝廷的管辖范围之内。她曾经上书梁武帝，请求设置"崖州"地方政府，结束了海南自东汉马援以来一度孤悬海外的局面。

冼夫人的"收复"海南，海不动，波不惊，不像郑成功收复台湾那样惊涛骇浪，也不像左宗棠收复新疆那样雄壮激昂，冼夫人就像一阵清新的海风，在温暖的氛围中，在徐徐的节奏中，将海南岛这颗耀眼的明珠再度放置在中华的版图上，动作不惊人。但是其对于中华领土完整的作用，可以和前面两位相比而不逊色。收复国土，保我疆土，是古今多少贤才良将、仁人志士的梦想，抗金大英雄岳飞朝思暮想的都是要匡复大宋河山，"直捣黄龙，与诸君痛饮黄耳"，结果因为形势的限制，奸人的陷害，未能实现。多少英雄豪杰梦想的就是"封狼居胥"。由此可见冼夫人此举，其意义是多么重大。光凭这一笔功绩，冼夫人于今可谓优秀中华儿女，于古可谓贤臣良将。就此而言，是范仲淹甚至诸葛亮都不能及的。

所以说，要了解冼夫人的成功密码，要从中华传统儒家的士大夫精神、忘我境界去入手，去探索。中华史上如果要列一个包括诸如魏征、包拯、范仲淹、岳飞、文天祥、海瑞、王阳明等人的精神榜样排行榜，冼夫人应该是其中一位。

在竞争激烈的环境中，相对弱者如何生存；在变幻莫测的形势下，居于下游者何以发展。冼夫人面临的最大问题、最大难题，就是这个。

冼夫人管理的岭南，在南北朝时期，是一个相对较弱的地域，论幅员、户口、兵力，在南朝的地盘上都属于"小个子"级别，不要说和整个南朝相比，即使和南朝的荆州、江陵、湘州、豫章、益州相比，也是一个相对弱小的存在。偏偏又遇上南北朝这个变化十分频繁的时期，对于冼夫人来说，决策稍有不慎，可能全盘翻船，进而可能将岭南带入危难。

冼夫人诚为一代女杰，打仗用兵，克敌制胜，在当时也算是个佼佼者，但是岭南终究是弱小者，冼夫人不可以始终以武力行于世，硬刚硬打，可能支撑不了多久。

在这个尴尬的时代局面中，需要儒家的理念，兵家的谋略，也需要道家的智慧。

第四章

道法密码

善 利 岭 南 ， 善 利 天 下

　　魏晋时期与南北朝时期，是讲究风度的时期，即魏晋风骨。而当时士大夫贵族们最膜拜的是道家的典籍，诸如《老子》《庄子》，上层社会盛行的清谈，其内容大部分是讲老庄，"好言老、庄而尚奇好侠"。例如晋朝权贵王衍就擅长谈《老子》和《庄子》。

　　冼夫人时期的梁元帝萧绎，也是《老子》迷。迷到什么地步呢？公元554年，北边的西魏南下，大兵临于江陵城下。而此时江陵城中的梁元帝在干什么呢？在率领全体文武，听他讲《老子》，结果城破国灭身亡。史书认为魏晋南北朝时期喜好清谈的人，只会夸夸其谈，很容易疏忽实务，没有实际操作能力，"遗落世事"。梁元帝就是个典型的例子，讲《老子》讲得天花乱坠，却守不住国家。还有西晋那个讲"老子"的王衍，最后也是被石勒所杀。

信奉者不得善终，是不是《老子》《庄子》有什么问题？

把史书读仔细一点儿，就不会有这个困惑了。

好谈老庄者，未必能得老庄精髓。我们看看王衍、萧绎的为人。王衍是魏晋时期的老庄导师，老庄主张朴素低调，例如《老子》有"俗人察察，我独闷闷"，普通人都很精明、爱表现，只有我很低调，不抛头露面。但是王衍为人高调得很，是当时有名的社会活动家，估计当时如果有"曝光率"一词，王衍的曝光率应该数一数二，如果当时有"热搜"，王衍肯定常常上榜。《老子》有"信言不美，美言不信"，诚信的话不花哨漂亮，花哨漂亮的话不诚信。《庄子》有"天地有大美而不言"，而王衍恰恰喜欢胡说八道，每次讲错话就立即推翻前面的，完全不打草稿，成语"信口雌黄"便是形容他的。

萧绎精通《老子》，能讲《老子》，但不能躬行老子之说。例如《老子》有"三宝"之说，其中一宝就是"慈"。尽管对于这个"慈"有各种解释，但慈祥、慈爱是一个比较通行的说法。萧绎之为人，就很不"慈"。他八十多岁的老父亲梁武帝，被侯景围困建康的台城，萧绎却拥兵江陵，观望不动，坐等老父亲困死城中。梁武帝一死，萧绎就开始残杀兄弟侄子，争夺皇位。萧绎发兵围攻侄子萧誉于长沙，最后杀害萧誉，可谓不慈之至。

满口人生正道，说得头头是道，为人却饱受诟病，未必是他所宣扬的不对，而是因为他没有践行自己所提倡的。

在历史文献中，冼夫人跟道家思想、跟老庄毫无交集，冼夫人守着岭南，护着各部百姓，不可能清静无为，不可能"玄之又玄"，然而，冼夫人的处世方式，却散发着老子的智慧，暗合了其中的一些道理。

冼夫人管理岭南，岭南的力量就当时而言，就是《老子》当中所说的"小邦"。这个邦，未必要理解为国家，可理解为地方、地域或地盘。《老子》曰："小邦以下大邦，则取于大邦。"小邦侍奉大邦，就能取得大邦的信任。岭南和南朝的关系，是地方和中央王朝的关系，小块头和大块头的关系。冼夫人要做的，就是小块头忠顺于大块头，相安无事，即冼夫人和子孙族人说的"忠顺之心"。《老子》又说"小邦不过欲入事人"，小邦不过就是要侍奉大邦，这与冼夫人说"我事三代主"，正好是一个意思。

冼夫人担子很重，代表岭南这个"小块头"，去和南梁、南陈两个"大块头"打交道，甚至和后来的隋朝打交道。但岭南当时还是在"王化"之外，关系有点混乱，心态有点复杂，南梁王朝曾经征讨过岭南，而岭南内部有分裂势力，正如《老子》所云"夫物芸芸"，各种事物，各种人物，比较复杂。

　　侯景叛乱时尤其明显，本来南梁王朝是正统的"大邦"，但侯景一起，南梁破碎，连皇帝都死了，"大邦"的概念也变得模糊了，按照古代的说法，不知道谁才是真龙天子，各地归宿成谜。侯景是不是将来"大邦"的真龙天子？各路诸侯各顾各，岭南也是如此。后来，南陈王朝灭亡，岭南要不要趁乱拥兵自守？此时局势变化得乱了人眼，该怎么办？

　　一个人是渺小的，面对纷乱复杂的局面，不要急着去投机取巧，而是要静观态势变化，《老子》有句话说得好，那就是"万物并作，吾以观其复"，万事万物共生但我不凌乱，只静静地观看它们循环往复的变化，从循环往复中寻找规律。

　　一个人被现象与局势弄得凌乱，就是因为不能从凌乱中找到不凌乱的规律。所以，我们对待变动要静观，要从混乱中找规律。

　　冼夫人没有被凌乱的势态迷了眼睛，而是静下心来观看。静下心来看变化不是隔岸观火，不是傻呆呆地看戏，而是寻求其规律，"吾以观其复"的"复"，就是万物反复运转的规律。虽然万事万物纷繁复杂，看得人眼花缭乱，但是它总会朝着一个既定的方向走，甚至回到原点，"夫物芸芸，各复归其根"。

　　南北朝时期，政权换个不停，东晋被废，来了刘宋；刘宋被废，来了南齐；南齐之后，就是南梁；南梁被南陈取代；南陈也是烟花一瞬，最后归于隋朝的一统。政权交替之际，社会会有波动，但总是能朝着带来稳定和平安的那股力量走，这股力量也就是"大邦"。分久必合，小合走向大合，局部区域的合走向全区域的合，走来走去，离不开这个规律。而南陈和隋是符合这个规律的，陈朝建立，结束南梁的分，即是局部区域的合，接着隋朝南下，就是全范围的合，冼夫人选择所"事"的就是这个大趋势。

"小邦"可以理解为小区域的利益，"大邦"可以理解为大家共同所处的"框架"，"小邦"要服从大家庭的框架，而大家庭的框架就要担负起团结大家、抚育大家的责任。《老子》曰："大邦不过欲兼畜人。"南陈和隋朝就要肩负起管理好岭南、让岭南等地方安生的职责。冼夫人能意识到这一规律，所以每次都能带着岭南找到对的人，找到对的"邦"，找到对的趋势。而南陈王朝和隋朝对冼夫人的种种赏赐，给予的种种荣誉，以及治理岭南的种种措施，即"兼蓄人"的姿态，让冼夫人等人安心。南朝时期，冼夫人所统领的岭南同都城建康的关系，即《老子》所说的这种大与小的关系。

个人意识到自己该从属于哪个团队，团队意识到自己要服务好归属的成员，小要顾全大，大要照顾小，大小之间关系处理好，那就"没身不殆"，这就是道家智慧给我们打造好的大与小的关系框架，大与小的互动，大与小的互利。

《老子》曰："上善若水，水善利万物而不争，处众人之所恶，故几于道。"水处于低位，往往是人们所嫌弃的位置，谁都想争先争上，但往往越是这个位置，越是接近于真理，接近于"道"。诚如鲁迅所言，"俯首甘为孺子牛"，俯首，即把自己归于低位，低姿态。越是处于不利的位置，越是要懂得规律、利用规律。处地低下，可能居德高尚。

南北朝之际，岭南处于相对弱势的地位，而在其他区域，那时候有不少军阀占据地盘而自立，乃至于与中央朝廷争雌雄，还想取而代之，例如桓玄据荆州称帝，曾经声势浩大；王敦据武昌起兵，让东晋摇摇欲坠；苏峻据江北而反，一度攻入建康城。到冼夫人的时候，侯景据寿阳也可以起事，将南梁王朝的大厦彻底拉垮。南朝的实力领域集中在长江中下游，尤其在中游。岭南，并不是一个强大的存在，如何自处，是个技术问题，难度不低。

冼夫人带领岭南所做的，符合老子所说的"水善利万物而不争"，与上头争霸，不可为，且有祸。强大如苏峻，最后阵前被杀，剽悍如侯景，也灰飞烟灭。冼夫人能做的，是将岭南打造成"善利万物"的角色，就是有利于天下一统安宁的角色，不与人争强好胜，也不与人同流合污，让岭南成为和平一统的一枚比较重要的棋子，不去添乱，不去争长，有利于天下，无害于苍生。

岭南在冼夫人的管理下，对于天下而言，是一个"无害"的角色，不割据自重，不制造乱子，因此引来伤害的概率也相对较低。在乱世之中，受到伤害的几率有多高，《老子》是这样"统计"的："生之徒，十有三；死之徒，十有三；人之生，动之于死地，亦十有三。"长寿的几率，十分之三；短命的几率，十分之三；本来活得好好的，但偏偏要自己走向死地的，其几率也是十分之三。在南北朝那样的乱世，只有保境自守，处于无害地位，生存几率才会提高。怎样才无害，即治理好境内，不膨胀野心，站在统一的立场上。这就是"含德之厚"，把"德"培养浑厚了，如同纯洁的"赤子"一般，这样就"毒虫不螫，猛兽不据，攫鸟不搏"，毒虫不会去蜇他，猛兽不会去伤害他，猛禽不会去搏杀他。岭南"含德之厚"，各种军事割据势力就无法去伤害岭南，因为他们无从下手，找不到侵害的理由。"兕无所投其角，虎无所用其爪，兵无所容其刃"，犀牛没法用角顶你，老虎无法用爪伤你，兵器也不能加害于你。冼夫人治下的岭南，没有一次因为地方割据叛乱或者政权变换而受到沉重的打击，这是因为冼夫人准确定位岭南的角色，将其置于无害的地位，即老子所云"无死地"。

在"无害"的基础上，再增加自己的分量。岭南虽然力量弱小，但也不是无足轻重，在各方力量角逐的关键时刻，岭南站在哪边，就等于往哪边加了一个砝码。冼夫人很会在这方面经营，她让岭南的作用变得不是那么可有可无，提升了岭南的战略位置。陈朝和隋朝对冼夫人的历次册封和奖赏，就直接体现了岭南政治地位、地域分量的提升。

每逢战乱的时候，冼夫人也会主动出击，剔除那些妨碍太平和一统的因素，例如李迁仕、徐璒，让岭南地方成为倾向和平的砝码，虽然只是一小块砝码，但其作用却让砝码的身价增加了。

冼夫人在这方面最经典的有两战，第一战是与李迁仕之战，第二战是与徐璒之战。侯景之乱，李迁仕应和，并且拉拢冯宝冼夫人夫妇，他的目的是想将岭南作为叛乱的砝码。冼夫人却很有战略预见性，以自己的智慧和勇敢，将岭南拉回到平乱一方，尤其是她亲自与陈霸先会师，更加确定了岭南站在平叛力量这一边的态度，也为岭南在将来的王朝争得了比较重要的位置。不以一己之力与朝廷争锋，而是以有利于长治久安的姿态站队。这就是"善利万物而不争"。

再说徐璒一役，当时陈朝的地方官徐璒占据豫章的南康，抗拒隋军，冼夫人当时看得出来，隋统一为大势，大势不可争，而且又得到陈后主的同意，于是派孙子冯魂北上接应隋军，帮助隋军统一岭南。冼夫人明显走的是"利"的路子，而不是"争"的路子，合于大势则是利，悖于大势则是争，争则不利，不争则利，冼夫人把这个分寸把握得很好。

老子说"后其身而身先，外其身而身存"，将自身置于后，将自身置于外，反而自身得到保全。在天下各路争斗之际，不去掺和，趋向道义，反而能得以胜利，得大利。

东晋谢安和桓温，都是朝廷重臣，谢安是朝中国相，桓温掌握大兵，二人地位基本对等。但是有一次谢安看见桓温，老远就行大礼，桓温很不安，连连摆手说："谢大人行礼，当不起，当不起。"但谢安说："这是我对您应有的尊敬。"桓温一直对东晋王朝有异心，但屡次都被谢安软硬兼施给摁下去了。谢安表面上是"后其身"，于个人尊严上是处于桓温之下，但实际让桓温的阴谋不能得逞，在战略上反而居桓温之上。冼夫人带领下的岭南，不与群雄争先，反而能赢。冼夫人反复强调"用好心"，这颗"好心"，也是不强争、与天下互利之心。

对于利，未必全都要用争的方式去获得，我利于他人，我利于大势，则大利归于我，我利他利，以水一般低调的身段行事，利莫大焉。冼夫人是把岭南打造成了一个有利于天下的团队，我利天下，天下则利我，从而岭南苍生得利。

当然，所谓不争，并非一味躺平，或者逆来顺受，或者见风使舵。我不犯人，人不一定不犯我。沧海横流，往往身不由己，大势一般不会给你一个安静观看天下的空间。你不动，敌人会拉你动，会推你动。要有选择权，必须有一定的战斗力作为支撑。

朝代更易之前，岭南也是蠢蠢欲动，一些力量来要挟高凉郡，不应付不行，应付不了更不行。这时候就看战斗力了。

在冼夫人应敌的过程中，充分显示了她的军事谋略。例如对付李迁仕，她假意答应，让敌人麻痹失去警惕，从而奇袭。这于《孙子兵法》而言，即"卑而骄之"，放低身段使敌人产生骄傲自大情绪。于道家而言，她充分运用了《老子》所言："将欲歙之，必固张之；将欲弱之，必固强之；将欲废之，必固兴之；将欲取之，必固与之。是谓微明。柔弱胜刚强。鱼不可脱于渊，国之利器不可以示人。"想要收拢它，必先扩张它；想要削弱它，必先让其强大；想要废除它，必先推举它；想要夺取它，必先给予它。这是一种神秘莫测的高明道理。柔弱能战胜刚强。鱼儿不可以离开池渊，国之利器不可以轻易给人看，即天机不可泄露，古人也云"事以密成"。

冼夫人对于李迁仕，就是让他先骄傲，让他先猖狂，然后再伺机消灭。当时应付李迁仕的方法是答应前去会面，同时会送礼物，送礼就是将真实的目的掩藏起来，将战斗力遮挡起来，即《老子》所云"鱼不可脱于渊，国之利器不可以示人"，真实的动机和目的不能够显示给敌人看。

岭南能在战乱频仍的南北朝相对安定，得益于冼夫人对岭南所扮演的地域角色、历史角色有清醒的认识，这就是有自知之明，然后才可以选定自己的角色和适合岭南走的道路，就如《老子》所云，"自知者明""自胜者强""不失其所者久"。了解自己的才算聪明，战胜自己的才叫刚强，不失去根基的人才能长久。

冼夫人不以岭南为争雄之本，有自知之明，不起割据之志，亦是"自胜者强"，从而能克制岭南一些地方势力的割据称王之欲，清醒地认识到唯有依托于统一的大势才有好日子，这就是"不失其所"，才能够让岭南长久地走下去，让岭南人民尽量不罹兵革之祸，这就是"不失其所者久"。这个"所"，大一点儿而言，就是立身的根基，根基就是天下必须统一。冼夫人置岭南百越于长久之道，置自己的家庭于长久之道，自冼夫人和冯宝起，至于冯盎，一直造福地方和隋唐天下，其在岭南亦有百年之久，正合于《老子》所云

"重积德则无不克"，积累德行，没有什么克服不了的。"是谓深根固柢，长生久视之道"，冼夫人家族从南北朝一直兴旺到大唐盛世，确实长久。

冼夫人也爱刻意培养这种根基意识，所以每逢大的节日，她都召开大会，将梁、陈、隋三朝朝廷的赏赐陈列出来，其实就是反复强调根基意识、大一统意识，让岭南百越人民意识到"所"，这个"所"，即不分裂，要一统。

冼夫人将岭南打造成利于天下之地，"水善利万物而不争"，且不与群雄争先，既安静地过岁月，又果断地拒绝分裂，始终不与大势违背。"柔弱胜刚强"，秉持原则，不失其所，故能长久。虽然不能确定冼夫人有没有接触过《老子》，但是她的政治军事作为，无不显示道家智慧。

道家讲究低调，前面讲到了《老子》的"俗人昭昭，我独昏昏；俗人察察，我独闷闷"，大家都那么醒目，我就要混沌一点儿，边缘化一点儿。

而且如今很多教世人为人处世的"鸡汤"都反复强调：做人要低调，高调就会死得很难看。

真的如此吗？

诚然，历代圣贤教导众人，为人要低调，切不可高调，高调者往往摔落得很重，失败得很惨。古代如此，现代也如此，话说满了，容易将来被打嘴；行动高调了，容易翻船。

然而，并非一味低调就对、高调就错，也要视具体场景和目的而定。

其实，道家思想也并非一味反对高调。

冼夫人在这方面，也是拿捏得很好很到位。

在史书的记载中，冼夫人有过三次高调的表现。

一次记载是在隋朝力量刚刚下岭南的时候，她大张旗鼓，和隋朝派来的裴矩并肩巡行岭南二十余州，一路上锣鼓轰鸣，前后吆喝，又旌旗鲜明，浩浩荡荡的气势可想而知。每到一处，生怕人不知道，生怕各部不来围观。这可能是冼夫人最高调的一次。

一次记载是每到部落大会的时候，冼夫人会在光天化日之下大晒她的荣耀，把朝廷御赐的种种物品，如仪仗、首饰、宴服之类，都大大方方摆出来，展现给族人们看，一点儿都不隐藏。

一次是番州总管赵讷贪赃枉法，残害百姓，冼夫人立即上书朝廷，予以揭露，强烈要求将他法办，调门不可谓不高。

很多打脸都是因为过于高调引发的，冼夫人对这样的行为没有顾虑吗？

就巡行岭南而言，冼夫人不高调是不行的。当时岭南人心纷杂，陈朝刚亡，形势动荡，这时候，作为岭南首领的冼夫人就必须高调，不高调就错过了维护一统局面的大好时机，不高调就不能平息乱如一团麻的岭南局势。这就如同阅兵，显示了一统力量的强大；这也是一次宣讲、亮相，为结束战乱、走向一统而代言，气势越大越能振奋人心。

就向部落、后辈展示朝廷恩赐而言，高调也是必要的。其实，历代王朝对冼夫人进行封赠，就是想要通过她向岭南各族人昭示归顺的荣耀，这样的用意冼夫人当然心知肚明，因此每年都摆出来晒一次。通过这些展示，可以让冼夫人周边的人在现场感受朝廷的威严和亲切，获得恩赐的是寥寥几个人，但影响力却波及整个岭南。

进行这种展示，就是一次光鲜的一统大义宣讲，就是一次人心教育的好示范。冼夫人作为岭南的领袖人物，明白朝廷的这些用意，所以就高调地宣示，表面上是个人的光荣，其实是国家的形象。

恰当的高调有助于做好宣传，安抚人心，激发忠诚，何乐而不为？

就揭发贪官赵讷而言，冼夫人的高调及时挽救了岭南的民生和人心。在古代，地方部落首领和朝廷委任官吏的关系，是很微妙的，部落头领在处理与朝廷命官的关系时，会有所顾虑，担心一举一动会造成误会。而冼夫人为了维护百姓利益，毫无顾忌，全然豁出去了，勇敢地揭露赵讷的罪行，终于为民除害。

为了百姓利益，该高调时就高调，该站出来就站出来。

以上这些行为和道家思想又有什么关系？

冼夫人的巡游行为，稳住了岭南的局面，用《老子》里的话来说就是："化而欲作，吾将镇之以无名之朴。"万物蠢蠢欲动，各种贪欲萌生，各种混乱将起来，面对这种状况，圣人将用朴素的"道"来镇住它们，结果呢？"镇之以无名之朴，夫将不欲。不欲以静，天下将自正。"用朴素的道镇住了各种蠢动，就不会起贪欲，天下就归于正位，太平无事，各就其位，大家该干什么就干什么去。

朝代变革之际，变乱生发之际，正是各种蠢动发作的时候：有意欲和叛军勾结，趁火打劫投靠新势力的；有趁着天下未定，自己割据地方称王称霸的；还有祸害百姓，自己大赚一把的……都是蠢动。从李迁仕到欧阳纥，从王仲宣到赵讷，以及各种各样、形形色色说不出名字的小势力，正是"化而欲作"，冼夫人就用"无名之朴"来镇住他们。这个"朴"具体到冼夫人的语境当中，就是维护和平、维护统一，这是天下人和岭南人最朴素最真挚的愿望。冼夫人这么高调地四方巡行，高马高旗，就是用这种张扬的方式镇住那些"化而欲作"的各路力量，从而让岭南归于"静"，不再起叛乱的"欲"，从而做到岭南"自正"。

做人不是不能高调，高调如果是出于公，则不妨安心地高调着，不必一味低调着。

慈不掌兵，义不掌财，管理一方，没有一定的威权和管理措施，人品再好也难有作为，同时还可能拖累地方和团队。好人未必是好的管理者，心好未必能达到好的效果。冼夫人曾经语重心长地说过"唯用一好心"，冼夫人有一颗好心，爱护岭南百姓，珍惜和平局面，投向统一大势。但是，在格局变乱不断、暴力冲突朝夕间就可能发生的南北朝，以及在各部落情况错综复杂的岭南，光靠有"好心"肯定是远远不够的。

冼夫人有菩萨的心肠，但如果没有霹雳的手段，在那个风云不定的年代，恐怕也会被历史的洪流冲刷淘汰。还有一点，一味地心好，一味地慈祥，别人还不一定领你的情，不一定听你的话，故而老子有言"天地不仁，以万物为刍狗；圣人不仁，以百姓为刍狗"，这个不仁，未必是残忍，而是严格地按照客观规律行事，不施小恩小惠。正因为这样，天地之间才万物生长，圣人才能让百姓安居乐业。

那么，冼夫人治理岭南百越，对付叛乱贼寇，有何霹雳手段？

在说冼夫人的霹雳手段之前，先讲讲冼夫人曾经的上司——梁武帝的沉痛教训。

梁武帝是一个怎样的皇帝呢？史书对他的评价是"为人孝慈恭俭"，一看觉得是个大好人，尤其是那个"慈"，令人觉得亲切。梁武帝勤于政务，哪怕是在寒冬，四更就起床，开始工作，裸露着手，握着笔，在寒冷的空气中办公签字批阅，"执笔触寒"，连手都冻坏开裂了。一天只吃一顿饭，也就是粗米饭和菜羹而已。办公到中午，他有时干脆不吃饭，用水漱漱口就当是吃过了。他身上穿的不是绫罗绸缎，而是粗布衣服，一顶帽子能戴三年，节俭得不能再节俭了。皇后妃嫔们，穿的衣服都很短，没有拖到地上的，这和曹操时代有得一拼。

而且他为人特严肃谨慎，哪怕是一个人坐在黑暗的角落，也要衣冠整洁，"虽居暗室，恒理衣冠"；又特别有仪式感，哪怕是大热天的，也不会袒胳膊露腿，必须穿得严严实实，正儿八经，待人也极其郑重有礼，哪怕是太监之类，也是和和气气。同时，梁武帝治下的南梁王朝，确实繁荣兴旺，一时称盛世。

然而，梁武帝还是亡国了，自己居然被饿死宫中。

到底哪里出毛病了？

南梁王朝灭亡，原因很多，其中有一个原因就是：姑息。

《资治通鉴》评价："然优假士人太过，牧守多浸渔百姓。"对士大夫过于优待，过于纵容，包庇容忍他们的违法违纪行为，给南朝百姓造成危害，导致朝政糜烂不可收拾，埋下亡国祸根。

而大部分被梁武帝姑息纵容的贵族官僚，在梁武帝最需要的时候，并没有表现出忠心。侯景叛军进城的时候，暗中勾结者有之，徘徊不进者有之，趁机生乱者有之，真心真意救难的却不多。

梁武帝的教训告诉我们，管理者自己素质过硬，生活上、仪表上、工作上等，都能给下属做出好的表率，固然是好事，但一旦犯下姑息这个毛病，那你那些优秀的素质、严格的自律，全都白费了，管理效果就大打折扣。

做了表率，还得定下奖惩规矩。

管理、治理的致命敌人，就是姑息。

姑息，换不来感恩和团结。

冼夫人治理南越，很早就表现出她严于法治、不苟姑息的优点。还是在做姑娘家的时候，她就能"抚循部众，能行军用师"，能够带领部落武装力量，能够用兵带将，几万户的部众，没有严明军法，没有霹雳手段，是不可能有效地统领的。

冼夫人和冯宝结成夫妻后，管理的范围更大，面临的问题更复杂。冼夫人对付这一切的方法就是：加强法令，严肃军令。"首领有犯法者，虽是亲族，无所舍纵"，可谓在法令面前，人人平等。

当时还有一个时代大背景，冼夫人时期的南朝，法纪松弛，前面讲到梁武帝对朝中和地方大臣纵容，其实，在南朝的民间，法纪执行得也很松，导致后来隋文帝统一天下后，特意印发法令文件，让江南百姓诵读，虽然此举不妥当，但是当时江南法治之废，可想而知。

而冼夫人能在这个大背景下严肃法纪，推行法治，使百越肃然，能"压服诸部"，请注意，是"压服"，其权威能够在诸部落之上，不只是以德服人，更是有严明可畏的法治。冼夫人和梁武帝相比，因为区域大小有所差别，孰高孰低不好下定论，但就执行法令而言，冼夫人更胜一筹。

《韩非子·内储说上七术》曰"刑罚不必，则禁令不行"，刑罚不坚决执行，禁令就无法实施。《韩非子·诡使》又曰："夫立法令者，以废私也。法令行而私道废矣。私者，所以乱法也。"《韩非子》还引用古书《本言》的话："所以治者，法也。所以乱者，私也。法立，则莫得为私矣。"法令建立的目的，就是要废除私道，法令一推行，私道就废除了。用来治理的，是法令。之所以造成混乱，就是因为自私。私道，就是用来扰乱法令的，专门给法令添乱的。

冼夫人执行法令很严，证明之一就是公私分明。即使是亲族，她也不纵容，和梁武帝的放纵贵族士大夫形成明显对比。即使是亲哥哥，对于其侵夺行为，她也进行劝阻。哥哥是私，岭南各部利益是公，在岭南人的利益面前，冼夫人选择了杜绝私利。欧阳纥挟持冼夫人儿子冯仆造反，冼夫人没有任何顾虑，继续进军。儿子冯仆的安危是私，平定叛军稳定岭南是公，冼夫人选择了公。孙子冯暄带兵援广州，半路上碍于私人交情，不积极进军，冼夫人将其打入牢中，孙儿是私，讨伐叛军是公，冼夫人选择了公。

所以，冼夫人屡次讨伐均能胜利，没有打败仗的记录，除了她善于用兵之外，和其军纪严明、不苟顺私情有很大关系。

如果平时没有严格的纪律，临时要使唤管教就不灵了，只有平时加强纪律管理，临阵时才好命令使唤，《孙子兵法》之"行军篇"曰："令素行以教其民，则民服；令不素行以教其民，则民不服。"意思是，法令军纪经常施行，则百姓信服；反之，则百姓不信服。

从史书记载来看，《孙子兵法》的这条规律在冼夫人身上体现得很明显。冼夫人当年还没有成婚的时候，就已经对部族加强了纪律管理，用法十分严格，"抚循部众，能行军用师"，而到了时代动荡、必须上阵作战的时候，冼夫人就能百战百胜，这两者之间是因果关系，平时的严，造就了战时的胜；闲时的紧张，造就了忙时的轻松。

纵容不能得来人心，严格反而能凝聚群力，换得支持。人心，不是靠纪律宽松得来的，而是靠严明纪律凝聚来的。管理者，不只是"暖男""暖女"，而是要有金刚怒目的威严。

事实证明，通过严格的管理，岭南百越、汉俚一心，遇到危机时，遇到变局时，基本上能团结一致，共克危难。所以冼夫人两次巡游岭南，都能够得到广大岭南人的响应，能迅速平息事态，并不只是平日里冼夫人对他们温和，而是冼夫人长年以来"令素行"，已经有了基础。"恩"固然重要，但如果没有纪律的约束，法令的执行，则恩只能是廉价无效的笑容和鸡汤，要配合法，要配合"威"，才能使组织团队成为一体。

冼夫人以年高之态，巡游百越，不是一时心血来潮，而是由于平素组织的有力。有了法令保障，冼夫人才能来一趟说走就走的巡游。

就时代氛围而言，冼夫人严格治理岭南，是很有必要的。南北朝是一个战乱时期，战争无处不在，无时不在。当时的战争板块是这样的：南朝和北朝打，北朝的东边和西边打，北朝还要和更北的柔然打；南朝除了和北朝打，内部则是朝廷和军阀打，地域上则是荆州和建康城打，打成一片，打得长江血流漂杵，打得民生惨淡。

在战乱割据时期，一个组织的纪律尤其紧要，因为对内对外都需要如此。军纪不严，对外作战就会失败，在那时，一场失败很可能就是灭国；治国松懈，对内可能就会导致崩盘，从而造成外敌趁虚而入。梁武帝纵容权贵的结果除了内部生变，无人救援之外，还引来了一个更严重的后果：北边的西魏趁虚而来。侯景还在围攻建康城的时候，西魏趁机派军队进入江陵，抢走大片土地，以至于后来大兵进入江陵城，掳走并杀死梁武帝的儿子梁元帝。南北朝的力量对比，从此发生决定性的转折：北强南弱。

比冼夫人早三百多年的诸葛亮，同样是乱世中主管一隅的人物，在挥泪斩马谡之后，他解释说："四海分裂，兵交方始，若复废法，何用讨贼邪？"天下当时三分，各方交战，如果废掉了军法，用什么来讨伐敌人呢？

冼夫人的时代跟诸葛亮的时代其实差不多，都是纷争分裂，甚至战争的发生频率比那时候还高，冼夫人的角色也和诸葛亮类似，都是主政一隅。岭南没有蜀汉大，但情况也很复杂，各个部落林立，稍有不慎，就会分崩离析。当时每次天下有变的时候，岭南都会如影随形一般起乱子，石头城或者洛阳一个感冒，岭南就会打喷嚏。冼夫人的压力可想而知。为了管好这一方，法令一刻都不能松懈。

例如和叛军作战时，冯暄徘徊不前，这就是自己家人带头违反军纪，所造成的危害是非常大的，一旦冯暄这样逗留下去，会给王仲宣部将陈佛智以喘息之机，战况可能急转直下。一方面冼夫人的军队面临倾覆之危，另一方面隋朝的大军也一时难以南下，岭南的局面可能会在一段时间内无法收拾。虽然说凭着隋朝的强大，隋军最终还是会达成战略目标，但战火延续期间所造成的灾难是不可估量的。冼夫人当机立断，立即撤换掉冯暄，救岭南于危难之际。这个举动也类似于诸葛亮挥泪斩马谡。

内部团结好了，才能应付外面的变局和竞争，而内部团结的最有效黏合剂，则是赏罚分明的纪律，不以私废公，不以乱易齐。蜀汉虽小，但能震慑强大的曹魏，是因为诸葛亮以严治蜀；岭南虽小，但能于乱世中不乱，是因为冼夫人以严治越。一个团队要有亲和力，但必须要建立在严格的纪律约束上。

没有严明的纪律，你做个好人又有何用？

冼夫人之为人，及一生事业，也是符合法家标准的。其治岭南，有似于子产治郑、诸葛亮治蜀，这二位虽然被儒家所推崇，但其实子产是法家人物，而诸葛亮近于法家人物。他们有谋国之忠，这是儒家；他们以法治国，这是法家。冼夫人也有谋国之忠，而且其忠不在子产、诸葛亮之下，这是冼夫人儒家的一面；同时，冼夫人以法治岭南，这是她法家的一面。

我们来对比一下这三位大贤所处的位置，所面临的情况，以及所作所为。他们所处的时代都有一个共同点：割据战乱。子产在春秋时代，诸侯纷争；诸葛亮在三国鼎立时代；冼夫人则在南北割据时代。他们所管理的"公司"也有共同点：小国寡民。子产所治的郑国，是一个小国，夹在晋楚等大国当中；诸葛亮虽然威名震于天下，但他经营的蜀国是三国当中最弱小的；冼夫人所治理的虽然不是国家，但也是一块相对较小的区域，甚至比蜀国更弱。

还有一个更重要的共同点：除了外部不安宁，其内部矛盾也很复杂。在这种情况下，没有严格甚至严厉的管理手段，随时有可能散架子。子产治下的郑国虽小，但统治层也是由几个家族组成的，同时民间也时常有叛乱，子产在临死前曾告诫："夫火烈，民望而畏之，故鲜死焉；水懦弱，民狎而玩之，则多死焉。"子产把严格的政治，即猛政，比喻成火，大家都不敢去玩火，所以很少有人死于火；他又把宽松的政治，即宽政，比喻成水，而水看上去比较柔弱，老百姓不怕，就会去玩弄戏耍，结果死于水的人很多。子产的意思是说，过于宽松的治理会让人轻易触犯法令，从而无法获得好的治理效果。子产的继任者没有听从子产的告诫，一味宽松，导致郑国大乱，白天竟有人杀人越货，继任者们这才恍然大悟，然后改宽为猛，纠错归正。

诸葛亮治下的蜀国，不只是有魏国、东吴这样的外在威胁，其内部也是矛盾重重，当年刘备入蜀，成都城内谣言纷纷，甚至一天杀数人都不能止歇。因为西川派和南阳派，刘璋派和刘备派，都有很深的矛盾。诸葛亮接手之后，治理措施十分严格，法正劝他宽松一点儿，诸葛亮说，刘璋治下的西川，就是太宽松了，导致"德政不举，威刑不肃"，好的政治措施实现不了，刑罚的作风也发挥不出来，整个蜀国松弛混乱，要改变这种状况，必须"威之以法"，要用法制树立权威。

冼夫人治下的岭南，也是类似的状态。但是岭南并非一个完整的政治板块，地方势力十分复杂，很多是由散乱的部落组成的，其利益未必完全一致。同时，朝廷任命的官员和部落多头管理，摩擦更多，关系更为错综复杂。一旦外界有风吹草动，或者内部有重大变化，有些力量就会纠缠较量。这一点从冯宝死后的局面就看得出来。尽管冼夫人和冯宝联姻，共同治理岭南，但是具体情况并非如此简单，冯宝一死，岭南一度陷入混乱，各地趁机作乱，几乎处于崩盘的边缘。

岭南地区当时局面的复杂性不仅体现在内部纷争上，同时还体现在政治效忠对象的混乱上。一旦天下局势发生变化，在到底是顺应大势还是忠于前朝的问题上，又是难以统一意见。如前朝任命的官吏和地方会有矛盾，例如隋朝南下的时候，忠于陈朝的太守就拥兵不从，与之对抗，从而引发战火。

冼夫人治下的岭南，其实有着很脆弱的一面。所以，如果没有严格的法令、过硬的管理，不仅不能保住全境平安，恐怕连自身都难保周全。冼夫人很早就意识到这点，其年轻时治理部落，就以严著称，无所纵容；在战争时期，更是"大义灭亲"。关于冼夫人治理岭南的具体法令措施，史书并无详细记载，但是从冯宝死后冼夫人就能迅速稳定局面的情况来看，冼夫人应该素日就有一套严格的治理法令，实施已久，即便出现了非常状况，在有法令可依的情况下，也很快就能恢复正常。

从法家角度来看，冼夫人的作为，与子产、诸葛亮这一类的人物十分相似。

通过和中华历史上一些杰出女性的对比，可看出冼夫人处于最优秀女性的梯队。时代、地方和家族给了她机会，她自己天分又帮忙，可谓"老天追着赏饭吃"，不成功都难。但是，她还有着突破性的贡献，岭南这个地方能够牢牢地镶嵌在中华版图里，冼夫人功居第一。

第五章

女性密码

巾帼群谱，此花何艳

　　冼夫人与中国古代那些优秀的士大夫，诸如谢安、陶侃、魏征、范仲淹等相比，丝毫不逊色，史书将其事迹编入《列女传》，是严重低估了其历史地位和影响力。当然，这和封建社会歧视女性有很大的关系。其实，很多正史有传的士大夫，其功业人品往往不如冼夫人。

　　这里就涉及冼夫人在中国女性中的地位。

　　中国的女性该以一种怎样的模式才可以成功，或者说中国女性怎样对待成功，以怎样的态度自处成功才是恰当的。这里将冼夫人和史上一系列杰出的女性做一下对比，找出其异同，挖掘女性成功密码。

　　冼夫人的传记见于《北史》《隋书》，都编入《列女传》，所以，和其并列的都不是政治军事意义上的伟大女性，绝大部分是因在相夫教子、为夫守节、为父兄报仇等方面有突出事迹而被人们歌颂的女性，和冼夫人完全不同，冼夫人的传记在这里反而显得很突兀。目光放在更早的时期，我找到了年代相近的《晋书》，它记载了西晋和东晋的历史。此史里的《列女传》人物，有两个和冼夫人倒是画风比较相近，这两人就是谢道韫和苟灌。

在介绍这两位女杰之前，我们有必要先来思考一个问题：女性想要获得成功，决定因素有哪些呢?

一位女性要成功，除了与其自身的才能、气魄有关系外，其实也和她所处的时代、所在的家族、所受的教育有很大关系。

环境限制因素很关键。

冼夫人所在的南北朝时期，战乱频仍，兵刃四起。在这样的环境里，女性的生存显然更为不易。纵观整个南北朝，从西晋发端，到唐朝初年，多数女性不能左右自己命运，只能随着时代的旋涡四处飘零，或险或夷，或悲或喜，令后人嗟叹不已。

在讲类似冼夫人这样坚强的女性的故事之前，先讲另一位在乱世中命运坎坷的女性的故事。

这一位便是羊献容。羊献容出身于泰山羊氏，是名门望族之女，因此当晋惠帝那位彪悍貌丑的皇后贾南风死后，有人马上提议立羊献容为皇后。羊献容贤惠温柔，且心思玲珑，在宫廷内周旋还是很有智慧的。

然而，在西晋末年那个剧变的时代，不要说身居后宫的女性，哪怕是祖逖、刘琨这样的英雄，王衍这样的权臣，都主宰不了自己的命运。

羊献容作为惠帝皇后，幸福还没维持多久，因为时局动荡，屡被废立，起起伏伏，无可奈何甚至后来晋惠帝还遭毒杀去世了。更大的变局还在后面，公元311年，洛阳被攻陷，羊献容被前赵将领刘曜所俘，并被占有。刘曜后来称皇帝，羊献容也被立为皇后。

面对被掳掠的命运，羊献容算是很坚强的，她选择了适应，并且积极主动地介入汉赵的朝政，也颇受刘曜的信任，所生儿子刘熙被立为太子。

虽然余生很舒适，但明媚的天空中总会时不时飘过一两朵乌云。

一日，汉赵皇帝刘曜问羊献容："朕和你那位司马家的夫君相比，如何？"（"吾何如司马家儿？"）羊献容倒是很镇定，云淡风轻地回答说："这不具备可比性，您是开创基业的'圣主'，我前夫则是亡国的'暗夫'。当初被你们掳掠来的时候，实在是痛不欲生，但哪里想到会有今天的好日子，我出生于高贵之门，以为世上的男子都差不多，但自从侍奉您以来，始知天下有丈夫耳。"

羊献容的这番话被记入《晋书》，说的也确实有道理，刘曜肯定要比智障的晋惠帝司马衷强多了，然而，估计这番话给羊献容带来更多的是屈辱的心理，伤口被撕开，要忍着心中的伤痛，又要讨好眼前的男人，不知道在无人之际，羊献容要流多少泪，要忍多少气。《晋书》把这番谈话特意记录在册，恐怕也是要羞辱鞭笞这位所谓没能为晋朝和晋惠帝守住贞操的女性。

然而，以现在的眼光来看，羊献容的坚强和生存能力之强大，超越同时代很多女性，在经历了朝代更替、历史剧变之后，她还能居于敌国最尊贵的地位，而且能受尊崇，从封建角度而言，她是失贞的、屈辱的；从女性生存角度而言，她是坚强的，具有高度的适应能力。我相信，她绝对不仅仅是因姿容美丽而受宠爱，更重要的是她善于经营、巧于应对，才能在最恶劣的遭遇里，开辟出最好的生存渠道。

一个女性，能于乱世求全，很了不起。

给羊献容一个较为稳定的环境、一个更大的舞台，或许以她的聪明巧智，能更有作为。

她和冼夫人比，最大的区别就是，冼夫人是独立的，羊献容再聪明，也要依附于皇权和夫权。她的余生能算是美满幸福，基本上是因为她的"霸道总裁"夫君宠着她、护着她。

在西晋和南朝这样的门阀制度社会中，对于一个女人而言，想要成功，特殊的门第、平台和社会结构，有时候比自身能力更重要。

冼夫人所在的岭南，礼仪制度、社会结构均不同于南朝，在部落里，女性可以抛头露面，可以统军率兵、出师征讨。冼夫人年轻的时候就可以约束部族，判决诉讼，充分说明她能胜任当地一般由男性成员充当的角色。

羊献容和刘曜应该有真正的恩爱，他们的婚姻虽然建立在掳掠的基础上，但幸福感连以司马皇族为正统的《晋书》也没有否认。但是，羊献容的两段婚姻，都是建立在依托夫权的基础上。进，由不得自己，退，也得由别人说了算。

而冼夫人的婚姻建立在平等的基础上。冼夫人的娘家有力量，冯融说亲是想主动靠拢冼家。冯家在岭南要有效地管理下去，必须和冼家联手。而且，不只是冼家强，冼家姑娘自身也强。所以，冯、冼两家联姻当中，双方是平等的。而冼夫人和冯宝夫妻双方，也是平等的，冼夫人自身家族平台高，本人能力又强，于政治上而言，双方是互补的，甚至是冼夫人对冯家的补充更多。

除却历史的局限性，立足现代而言，女性的成功，不能靠婚姻上的攀附，而要靠婚姻的互补。所谓"嫁得好"，不是说夫家富贵，自己有了靠山，而是和夫家有良好的互动互补，这才是婚姻的门当户对。冼夫人的成功，和这样的婚姻有很大关系。

南北朝时期，还有一位女性，其名气在民间和知识界，还在冼夫人之上。

她出身名门，聪明而坚强，且富有文采，本来应该一生静好，结果却因生在乱世，又遇人非淑，所以命运坎坷。其为人，其气魄，其才智，亦与冼夫人相仿佛。

《三字经》上说起她的故事，"谢道韫，能吟咏。彼女子，且聪敏"。

下面要讲的，就是东晋奇女子，也是中华古代奇女子谢道韫。

谢道韫出身亦是名门望族。刘禹锡诗"旧时王谢堂前燕"，诗中所云"王谢"，就是指南朝的贵族王家和谢家，谢道韫即出身于此"谢"家。而谢家最有名的人物就是淝水之战东晋方面的总指挥谢安。谢安即谢道韫的叔父。

谢道韫出现在历史的视野里，是因为她的文采。有一回，天下大雪，谢安召集谢家子弟讨论文章，正好雪下得越来越大、越来越紧，谢安就问众子弟，用一句什么来形容眼前的雪景。谢安的一个侄子谢朗说"撒盐空中差可拟"，意思是下雪就像撒盐一样。谢道韫说"未若柳絮因风起"，再没有像柳絮被风吹起那么贴切的比喻了。因此最终谢安评价谢道韫之句为最佳。

上千年来，人们一说起谢道韫，就会说起那个下雪的天气，那次雪中的赛诗，和她"咏絮"的过人才情。

冼夫人虽然聪敏，但不以文采见长，二者似乎不具备可比性。前者是力挽狂澜的英雄，后者是慧心巧笔的才女。

殊不知，翻看历史的细节，才发现，谢道韫也如冼夫人一样，颇有英武果断之处。

谢道韫出身名门，也嫁入名门。她的夫君是王凝之，这名字的格式似乎有点儿熟悉吧？令人想起王羲之、王献之两位大书法家。没错，王凝之就是王羲之的儿子、王献之的兄弟。南朝东晋的天下，就是王家、谢家的天下。谢家姑娘嫁给王家公子，应该是强强联合。然而，婚姻并不是简单的家族的相加，两强相加，未必就一定能成就美满的姻缘。

谢道韫嫁给了门第强大、人才辈出的王家，可是，她的夫君却是王家比较弱的那一个。

嫁过去之后，谢道韫就对夫君很不满，"大薄凝之"。从王家回来娘家，也是老半天闷闷不乐，谢安知道她的想法，于是宽慰说："你的那个王郎好歹也是王羲之的儿子，差不到哪里去，侄女，你怎么就那么不爽呢？"谢道韫的回答则很直接："我们谢家的叔叔和兄弟，一个个优秀出众，万万没有想到，在天地之中，居然有王凝之这样差劲的人。"（"不意天壤之中，乃有王郎。"）失望之情，溢于言表，谢安也不知拿什么来安慰。

美满的婚姻，是女子施展才华的好平台。

冼夫人所嫁的冯宝，也出自名门，是货真价实的皇族之后，是南迁过来的北燕皇室后裔，而且家族在岭南也确实有地位、有发言权，父亲冯融是地方刺史，冯宝是太守。虽然史书对冯宝的才华没有具体记载，但是，冼夫人能够较为顺畅地施展自己的军事才能，肯定是和冯宝的积极配合分不开的。冼夫人力克李迁仕，北上和陈霸先大军会师，虽然皆是亲自带兵，但作为战友的冯宝，也能助其成大事。

谢道韫则不然，她的夫君王凝之则是她的"猪队友"。

夫君虽然窝囊一点儿，但好歹出身豪门，不用太努力，也能谋个一官半职，王凝之为会稽郡内史，也是一方父母官。公元399年，孙恩、卢循起兵，屡攻三吴，也打到了王凝之主管的地盘。

值此危机关头，具有远见卓识的妻子谢道韫屡次提醒王凝之要加强城防、训练军队，然而，王凝之不只是弱，而且还蠢，他不去动心思巩固城池、积极备战，却一天到晚装神弄鬼，想请天上神仙下凡帮助他防守会稽城。他还跟谢道韫等人说，他已经请定各路鬼兵把守关口，敌人是不可能冲破防线的。这种话，别人听起来像笑话，他却是当真的。

结果，会稽城还是破防了。孙恩的军队攻入城内，将王凝之本人及其子女无情斩杀。

危急关头的谢道韫，显示了她的勇武果决，已经处于暮年状态的她，居然拿着刀，迎着敌军毫无畏惧地冲了出去，更令人吃惊的是，一位才女，而且已经年迈，居然能在乱军当中砍杀数名敌军（"乱兵稍至，手杀数人"），只因势单力薄，被孙恩军俘虏。

面对气势汹汹的大军，谢道韫脸上没半个怕字，反而镇定自若地和孙恩争辩。孙恩虽然威震江东，但面对谢道韫还是为之动容，放过了谢道韫和她的外孙，让他们安然回乡。

每当看到《晋书》之《列女传》中所记载这一场面时，我总忍不住做一个假设：如果换成谢道韫在岭南那样的环境，想必这位奇女子肯定不会辜负自己的一身才华，或许也能成为一个冼夫人式的人物。当年如果把冼夫人放在东晋这样的门庭，就很难说了。因为东晋是成熟的封建男权社会，并无女性在政治军事上独当一面的条件。

所以，就当时的条件而言，冼夫人的成功也有赖于当时岭南独特的部落制度所创造的条件。

女性能不能无碍地发挥才能，甚至成一方首领，也要看时代条件和地域特色。

当然，就现代的借鉴意义而言，女性成功的重要条件之一，就是婚姻。冼夫人在政治上的成就能远高于谢道韫，除了不同文化的限制，也和另外一半的才能、作为有着很大的关系。在当今，男女平等，未必要求男方一定要比女方地位高、学历高、成就高，女方作为实力更强的一方也是可以的。例如奇袭李迁仕一役中，冼夫人明显担任了主角，无论是出谋划策，还是冲锋陷阵，基本上都是冼夫人居于主导地位。

不管是男方强势，还是女方居高，有一点很重要：双方不能成为彼此的绊脚石，不能拖后腿，甚至故意成为障碍。有人说很多成功的女性都经历过一段不幸的婚姻。这话太过偏激。其实，以相互伤害为代价、伤痕累累地成就事业，其实已经失败了一半。婚姻的不幸，从来也不是成功的垫脚石，只会给双方带来痛苦和消耗。

从冼夫人夫妇和谢道韫夫妇的匹配度而言，现代女性要成功，提高男女双方的匹配度、提高另一方的素质，以及改变"必须要男强女弱"的婚姻观也非常重要。

不要让才女谢道韫的泪水，一流再流。

而要让冼夫人、冯宝的恩爱和成就，不断被复制和超越。

环顾整个南北朝时期，像冼夫人那样威震一方且对天下格局有较大影响，能促进民族融合、推动国家格局变化的女性，找不出第二个。要和冼夫人有一样的成就，必须满足以下几个条件：能独自镇守一方，成为一方的实际统领，连在背后操盘都不可以；能独立带领一支军队，且善于用兵，像韩世忠的夫人梁红玉那样作为参谋或者助手都不可以；被朝廷封赠，而且能独立设置幕府、任用官吏。当时的女性，很难同时满足以上三个条件。

就善于作战而言，东晋的荀灌，北魏的女将潘将军，和冼夫人略有相似之处。

荀灌，东晋女子，曹魏智囊荀彧之后。荀灌的父亲荀崧，是荀彧的玄孙，任平南将军，镇守宛城。荀灌自小喜好舞刀弄枪、弓马射猎，虽然是女子，但十分英武。受北方战乱的冲击，当时的晋朝已经分裂成两股势力，北边是长安势力，以晋愍帝司马邺为中心，而荀灌的父亲荀崧则效忠于南方的晋元帝司马睿，双方当时针锋相对，互相攻击。公元 315 年，北边长安政权派遣杜曾来围攻荀崧所镇守的宛城。

此时的宛城，兵疲粮少，急需外援，但无人敢突出重围搬救兵。而十三岁的荀灌，自告奋勇挺身而出，愿意出城求援。她挑选了十几个壮士，身穿铠甲，从城头上偷偷顺着绳索出城，但出城即遇敌军。荀灌经过奋力厮杀，突围而出，一路奔波，到得襄阳城，见到太守石览，成功搬来救兵，解了宛城之围。

荀灌确实是一代奇女子，她最大的亮点在于有胆有识又有相当的武力值，宛城突围求援一役，也算是东晋军事史上一大奇迹，她所面临的军事压力，比冼夫人对李迁仕时还要大，因为宛城外围敌军强于没有防备的李迁仕军，而且荀灌是以寡敌众，成功率极低。

《晋书》对荀灌评价极高，将荀灌突围和谢道韫提刀对孙恩并举，"道韫之对孙恩，荀女释急于重围"，赞扬她的英武之气能"激扬千载"。《晋书》将荀灌列入《列女传》，是作为特别突出的女性来表彰，其实，荀灌的事迹已经可以和南北朝的名将并列了。荀灌也算是一代名将。但荀灌的形象也只是在东晋之初闪烁一下，然后，悄然不见，不再有任何消息，并没有像冼夫人那样有长期的影响，能对时局有进一步的推动。

比冼夫人稍早几十年，在当时的北魏有一员猛将名为杨大眼，为朝廷攻城拔寨，镇守边疆，功勋之大，自不必说。有趣的是，杨大眼有一位巾帼英雄式的夫人潘氏。潘氏经常穿戴盔甲，骑着骏马，独自来军营看望夫君。二人联手纵横疆场，英姿飒爽的身姿互为彰显，然后回到营帐，夫妻二人坐在主座上谈笑风生，大家都称潘氏为"潘将军"，可想象其英勇威猛之态。

荀灌和潘将军，都有勇武之风，大将之才，但可惜都只是历史上的"快闪一族"，荀灌尚有宛城解围之功，潘将军则只是留下寥寥几笔记载，并无具体战绩记录，更是可惜。冼夫人在动荡的南北朝时期，作为女性独领一方，神勇善战，举足轻重，可谓独一无二的一道风景线。

在中国古代史上，和冼夫人极其相似的一位女性英雄，应该是明末的秦良玉。

我们先将冼夫人与秦良玉的出身做个比较。

冼夫人的家族为岭南一带俚族部落首领之家，不在南朝统治中心区域；而秦良玉为忠州人，忠州即今天重庆，也不是明朝中心地区。秦良玉的家世，《明史》没有明确记载，但根据其婚姻状况而言，应该有一定身份，秦良玉的夫君为石柱宣抚使马千乘，因为祖上有功，世袭石柱土司。秦良玉能与土司结缘成家，应该是有一定门第的。

再看冼夫人与秦良玉婚姻之比较。

就婚姻而言，冼夫人和秦良玉有很大相似之处，冼夫人的夫君冯宝当时是高凉太守，公公冯融是罗州刺史，也是世世代代在岭南做首领。秦良玉的夫君则是忠州石柱一带世袭的首领。两对夫妻，都是地方的实权人物。冼夫人夫妇在岭南，秦良玉夫妇在西南，所处都是大王朝的一隅之地。

且比较一下冼夫人和秦良玉的年少时期。

先看武的方面。

两人的情况都是有史书记载的。冼夫人自小就贤明能干，还在娘家的时候，就已经能统领各部，可见其威信之高。她在那时候就已经有相当的军事才能，在部落武装当中行使指挥权，行军布阵，并且可能击败过其他部族的劫掠，因此能够"压服诸越"，其军事水平让其他人折服。年轻时期的冼夫人，就已经具有成为一方政治军事统帅的才能。

秦良玉呢？也是在年轻的时候就已经不同一般了。《明史》记载她胆量过人，善于骑射。她对于部下的管理十分严格，每次行军，队伍多十分肃然，无人敢违背军令。秦良玉所统帅的部队，名为"白杆兵"，远近闻名。这和冼夫人的"抚循部众，能行军用师，压服诸越"极其相似。冼夫人和秦良玉以后能够出兵制胜，都和她们平时善于训练军队有着莫大的关系。

再看文的方面。

冼夫人除了能让部族具有战斗力，同时又用"礼"来教化俚族各洞。她虽然治军甚严，但是平时都是来"文"的，用善来教育部众，"每劝宗族为善"，开创了各部团结的局面。在她的感召下，岭南各部都讲究信义，彼此敦睦。冼夫人缔造了一个具有儒家色彩的粤西社会。而秦良玉则有一定的文学才能，长于文笔，其风范也很娴雅。她治下的乡民都很有气节，后来张献忠部来劝降地方，只有秦良玉的地盘他不敢接近。

一文一武，冼夫人和秦良玉在素养上很相当。

她们在做大事之前，就已经训练好团队。冼夫人面临的是南朝兵变，南北割据，以至于南与北一统，都是时代大变局。秦良玉身在明末，面临的则是明末变乱四起，巴蜀一带动荡不安，最后清朝鼎革，明朝灭亡，其变革之剧，丝毫不亚于冼夫人之时代。当然，无力回天之感，大概亦深于冼夫人。

她们无论是从自身素质培养上，还是团队打造上，都为接下来的轰轰烈烈的岁月，做好了充分的准备。

当时代抛弃你的时候，连一声招呼都不会打；其实，当时代召唤你的时候，也可能一声招呼都不会打。到底是被抛弃，还是被召唤，冼夫人和秦良玉的经历告诉我们：就看你有没有准备好，而且光是你一个人做好准备还不够，带动一个团队做好准备才能迎时代潮流而上。

洗夫人助夫平叛，就是带领一支一千多人的队伍，一次奇袭就成功，说明这一千多人也是平时在洗夫人的管理下进行过严格的训练。面对时代的剧变，不是要问"你准备好了吗"，而是"你和小伙伴们准备好了吗"，或者说，在应对时代变化之前，你和你的小伙伴们应该已经成熟了。

接下来对比洗夫人和秦良玉的成名之战。

洗夫人婚后的第一次"高光时刻"，就是发生在公元550年的平定岭南李迁仕之乱。洗夫人这次出山，主要还是和夫君冯宝共同进退，也就是夫妻俩一起做业务。高州刺史李迁仕欲拉拢冯宝一起作乱，被洗夫人识破，然后洗夫人将计就计，假意与李迁仕周旋，然后假送礼之名，接近敌营，发动奇袭。此役虽然以洗夫人为主力，但也离不开冯宝的配合，第一次"创业"，是以"夫妻店"的方式开展的。

秦良玉亦如此。

万历二十七年，即公元1599年，杨应龙在播州起兵作乱。顺便说一句，这时候李自成和张献忠尚未出生。秦良玉的夫君马千乘随李化龙前去讨伐，而秦良玉也披挂上阵，她的任务也不轻，是率领五百精兵押运粮草，后扼守邓坎。第二年的正月，战事变得很凶险，杨应龙部趁着明朝官兵宴饮的时候发动夜袭，意图端掉明军指挥部，幸亏秦良玉夫妇奋起迎战，不仅挫败了敌军的夜袭，还一路追杀，冲入敌军阵地内。这一下都收不住手，连续拔掉杨应龙七个营寨，以至于大军一路直取敌军老巢桑木关，威慑敌胆。秦良玉在这一战中，"为南川路战功第一"。

冼夫人这一战，是奇袭；秦良玉这一战，是应对奇袭。二者都是在电光石火之间抓住战机，一击制胜。

冼夫人和秦良玉人生中的成名之战，都是和夫君合作，而且合作愉快，大获胜果。可见冼夫人和秦良玉的战斗生涯，都少不了恩爱之情、夫妻之谊的助益，可谓"双剑合璧，天下无敌"。

冼夫人和秦良玉都有美满的姻缘，这都为她们的事业加分，可惜的是，另外一方都只能陪她们走一程，冼夫人和秦良玉的余生，只能自己走下去，而且是战角吹响、风云激荡的余生。

南陈王朝永定二年，即公元 558 年，冯宝病逝。岭南一带又一次陷入动荡，冼夫人单独挑起了本来应该和夫君共挑的责任，稳定岭南，团结各方力量，其中艰辛，史书虽未详述，但可想而知。

秦良玉的夫君马千乘，则比较悲惨。马千乘虽然有战功，但架不住陷害，万历四十一年，即公元1613年，马千乘被太监邱乘云诬告，居然被押，不幸病死监狱中。夫君马千乘既死，兵马全都由秦良玉统管，这和冼夫人接手夫君所治州县从而管理全盘性质上是相似的，都是在夫君去世后，接下重担，统领一方。

征程万千里，风云无数重，没有了夫君的冼夫人、秦良玉，继续着她们征战的步伐。

具体战功方面，关于冼夫人的记录相对比较粗略，而关于秦良玉战功方面的记录则比较详细。在具体战例上，秦良玉的平定奢崇明之战，与冼夫人的奇袭李迁仕，其前后过程，具有较高相似度。

李迁仕勾结叛军，在岭南发动叛乱，为了壮大实力，他派人去联络冯宝，企图联手起兵。冼夫人将计就计，以送礼为名，出奇兵袭击李迁仕，大获全胜。

天启元年，即公元1621年，永宁宣抚使奢崇明在忠州造反。奢崇明的部将樊龙派遣使者送来金银财宝，意欲拉拢秦良玉一同谋反。秦良玉斩杀来使，然后亲率弟弟和侄子前往敌军所在之处南坪关，截断其退路，后又设伏兵烧毁奢崇明军船只，第二年又追击至成都，彻底平定奢崇明之乱。

和冼夫人一样，秦良玉也是兵出奇招，不给敌人以喘息之机。两人多遵循"兵贵神速"的原则，以迅雷不及掩耳之势攻击敌军要害，使敌人在短时间内丧失战略要地，李迁仕一夜之间失去高州，然后进退失据，被陈霸先擒杀；奢崇明也是在几天内就失掉南坪关，没有了主动权，然后步步被动，以至于覆灭。

冼夫人和秦良玉这两次战役的共同点就是：找准时机，发起关键性的一击。

苏洵之《心术》曰："凡兵之动，知敌之主，知敌之将，而后可以动于险。"凡是用兵，事先要了解敌方首领的情况，要了解敌方主将的情况，然后才可以在险要的地方行动。三国时期的魏国将领邓艾，就是因为了解蜀汉国君刘禅是个昏庸懦弱之君，才敢于带着几千人马，翻山越岭，滚下丛林峭壁，直捣蜀汉重镇江油，为拿下蜀汉创造了有利条件。

冼夫人事先了解李迁仕已有谋反之心，因此劝夫君冯宝不要前去；同时也了解到李迁仕主力已经北上，城中空虚，所以敢冒险带着人马前往突袭。秦良玉知道奢崇明地盘的命门在南坪关，而且已摸清运兵船只在何处，所以能大胆出兵，迅速扼住南坪关，烧毁其船只，致敌于死命。

在对待将士上，冼夫人和秦良玉都严格执行军纪，从来不以私人之利来左右军法、动摇军心。冼夫人在平乱的过程当中，有孙子出工不出力、庇护叛军的情况，冼夫人不予姑息，该进军就进军，该大义灭亲就大义灭亲。国家利益高于家族利益。冼夫人不只自己率军作战，冲锋在前，她的后人也为国奔波，义无反顾。

例如冼夫人的孙子冯盎，于公元590年，征讨叛军陈佛智，击败且诛杀之，然后与隋朝大将军鹿愿会合，解广州之围。

隋仁寿元年（601年），潮州、成州等地的僚人谋反，冯盎直奔京师报告情况，奏请讨伐，然后会同重臣杨素针对战况进行沙盘推演，杨素对冯盎的军事素养、文化素养感到极其惊讶，说："蛮夷之中居然有这等奇才！"后来冯盎率领江南、岭南的军队，击灭僚人军队。

秦良玉亦如此，秦家和夫家马家，可谓满门忠烈。秦良玉每次上阵，都是带上兄弟、儿子和侄子。她的三个兄弟秦邦屏、秦民屏、秦邦翰均战死沙场，儿子马祥麟战死襄阳，儿媳张凤仪战死河南侯家庄，侄子秦拱明战死滇南，两家人为国尽忠，所付出的牺牲不可谓不大。

冼夫人执法，于族人亲人，一视同仁，"虽是亲族，无所舍纵"。秦良玉亦如此，秦良玉的族人秦缵勋投靠敌军作为耳目，后经发现被囚禁，秦缵勋杀掉看守逃跑，秦良玉知道后，马上将其捉拿归案，不留任何私情。

冼夫人和秦良玉都是军事上的女强人，她们以女性的身份统领部族或军队，参与了地方的平叛，甚至对全国的大局都有所影响。冼夫人历次平叛，基本上都和天下局势密切相关，甚至起到比较重要的作用。例如击败李迁仕，对稳定南朝起了较好的作用；击败王仲宣，对稳定隋朝刚刚统一的局面也起到了一定的作用，所以陈武帝陈霸先、隋文帝杨广都对她很重视。

秦良玉的军事生涯，除了平定忠州地方的叛乱，也和冼夫人一样，对全国性的军事行动也有相当程度的参与，例如曾经于公元1620年领兵从西南前往辽东，帮助朝廷和后金作战。崇祯三年，即公元1630年，清军攻打北京城，皇太极大兵围困崇祯，秦良玉带兵北上勤王，并且还变卖家产作为军费。

崇祯皇帝对秦良玉也很礼遇，亲自召见秦良玉，赐给金银财宝和牲口美酒。秦良玉行军期间，也遇到过歧视，一些军队闭门不接纳白杆军，秦良玉愤而向朝廷控诉，崇祯特意下旨，命令文武百官必须礼待秦良玉军，不得猜忌，不得懈怠（"帝优诏报之，命文武大吏皆以礼待，不得疑忌"）。

　　冼夫人和秦良玉这两位女性，在封建社会算是成功女性的典范。她们不再以男性附属品的身份出现，而是和男性士大夫一样，取得了相当高的社会地位。她们也取得了像范仲淹、韩世忠那样的成就。

　　只要你真的强大，即使对你不太友好的环境，也还是有可能认可你的。

　　冼夫人和秦良玉又有诸多不同之处。

　　二人对历史的影响不一样。《明史》记录秦良玉指挥过的历次战役，且记录的都比较详细和生动，通过戏曲和小说等民间文化形式流传下来的资料也更多。但我们看一个人物在历史上的地位，不能只看其在史书上占的篇幅，记载的详略和其影响力也不能完全画等号。例如，晏子在《史记》里的记录相当简略，但不等于说晏子这个人物不重要。

　　秦良玉的征战，其影响力大都在局部区域，主要集中在西南，对整个大明王朝的发展方向、进程影响很有限。

　　而冼夫人虽然很少直接介入中心地带的战争，但其在岭南的胜利，往往对南朝或者隋朝的局面起到一个较为重要的作用。岭南不安，南朝或者隋朝就不会安，中央王朝很难对岭南进行有效的直接管理。在平乱的过程中，冼夫人率领的岭南所占的分量，并不轻。

二人的结局也不一样。

冼夫人和秦良玉都得到善终，而且都高寿，冼夫人逝世时八十高龄，而秦良玉也活到了七十五岁。她们经过了岁月的激荡，历史的坎坷，最后都安详而去。

但二人最后的岁月，氛围却大相径庭。

冼夫人生活的时代，大部分时间是在战乱割据当中，她也征战大半辈子，但临到岁月的尽头，忽然太平，岭南祥云笼罩，天下基本升平，进入暂时安定的时期。冼夫人去世于隋文帝初期，正是"开皇盛世"，中央王权得到加强，经济也很繁荣，民族矛盾也得到缓和。冼夫人可以说是过上了好日子。隋末的动荡，是在她去世之后一阵时间才发生的。

冼夫人是带着对自己人生的满足、看着这世界在变得越来越好的情境下离开的。

秦良玉和冼夫人一样，对大明中央王朝，是绝对忠诚的，她的一生也为这个王朝征战奔波。然而，大明王朝气数将尽，并不会因她的努力就好起来，帝国的余晖照在她苍白的头发上，格外地悲壮苍凉。

1644年，大明灭亡，崇祯自缢煤山，南明王朝在东南和西南仓皇奔走，苟延残喘，当时这位巾帼老英雄、祖母级别的一方豪杰，已经进入古稀之年，看着这个自己效力大半辈子的王朝，已被倾覆，不知有何等的感慨和叹息。

当张献忠的起义军进入巴蜀、四处招抚时，这位女英雄表现出了最后的倔强，派兵驻守各处，并且声明："有跟随张献忠的，杀无赦。"还说："我的余生，不会向任何人妥协，只忠于大明王朝。"

公元 1648 年，秦良玉去世。此时的南明，风雨飘摇，行将就木，虽然在广东、四川一带依然和清军对抗，但气数已尽，秦良玉死后 14 年，南明也销声匿迹。

冼夫人一生努力，迎来欣欣向荣的新局面；秦良玉一生努力，最后在风云依旧变幻的气氛中离去。

前者迎来新生，后者却走向暮色。

二人最终际遇的不同，还是因为具体时代和王朝的不同。

冼夫人之时，正好是南北割据的混乱期，历史朝着融合一统的方向走，一切美好皆有可能。虽然是改朝换代，但是朝着积极的方向走，从个人而言，是朝着冼夫人希望的方向走。而秦良玉暮年之时，她所效忠的大明已亡，南明苟延残喘，天下陷入纷争，黎民涂炭，干戈不息，历史朝着秦良玉所不乐见的方向走，一生的努力灰飞烟灭。

冼夫人走得安详，秦良玉却含恨而走。

最后，聊聊二人的忠诚度。

冼夫人和秦良玉都是极具忠诚度的英雄女性，但仔细一看，其中又有细节上的区别。冼夫人说："我事三代主，唯用一好心。"秦良玉则说："吾一妇人，受国恩，谊应死。"晚年穷途之际，又说："吾以一孱妇蒙国恩二十年，今不幸至此，其敢以余年事逆贼哉！"

冼夫人是忠于三个朝代，即南梁、南陈和隋朝。秦良玉所效忠，无疑就是明朝。

二人的忠诚度，是不是有区别？

本质上没有任何区别，表现形式各有不同，因为各自所在时代不同。虽然二人同处封建君主时代，但封建社会长达两千多年，其间有雏形，有发展，有衰落，有分合。冼夫人所生活的是公元6世纪中叶至7世纪初，此时中国经历了漫长的分裂时期，南方和北方的王朝如同走马灯一般更换，除了东晋之外，并没有哪个朝代能真正代表不变的正统。当初北方战乱时期，大家还视东晋王朝为正朔，东晋一灭，北方一汉化，这个观念就淡薄了。政权走马灯一般换，大家也习惯了。

反而，谁能够带来安宁，谁能够带来统一，谁就是正统。以五十年为界限，当时的人们和士大夫不太可能效忠一个永远不变的王朝，例如江东，从三国时候的东吴开始，到陈灭亡的三百六十多年间，国祚最长久的是东晋，维持了一百多年；接下来的刘宋，维持了五十九年；再接下来的南齐，维持了二十三年；接着南齐的是南梁，维持了五十五年，其实到第四十六年的时候，就已经名存实亡；最后一个朝代南陈，也只维持了三十二年。南方的政权，东晋以后，没有一个王朝能维持到六十年以上。这么短暂的王朝，有些甚至隔了不到两代人就有了更替，让臣民们去专心效忠于一个王朝，客观上也做不到。既然客观上做不到，政治伦理上也不能做这样的要求。

而秦良玉所处的时代则不然，大一统王朝已经延续了几百年，人们也已经习惯。南北朝之后就是隋、唐，这两个都是统一王朝，中间经历短暂的分裂，到北宋虽然疆域比较小，但作为正统毫无疑问。南宋偏安一隅，但还是以正统社稷的面目出现。元朝，也是统一的王朝。至于明，则大一统传统更加根深蒂固。而且除了隋朝以外，每一个大一统王朝都基本能维系两百年以上，其权威性、正统性深入人心。例如在南北朝时期，庾信、颜之推都出身南朝，后来去了北朝为官，史学家也好，士大夫也好，哪怕民间百姓也好，大多不会认为这类行为是变节投敌。但如果是在宋朝，那就大为不同了，如果宋朝的读书人投奔契丹或者金国，那将是十恶不赦，会被钉在历史的耻辱柱上。而为宋朝殉节的士大夫，则被视为精神偶像，例如"人生自古谁无死，留取丹心照汗青"的文天祥。提起南北朝时期那些优秀将领，老百姓只会称颂他们的英勇，而很少给他们冠以"民族英雄"这样的称号；但是如果提起与金兵作战的岳飞，大家则肃然起敬，大赞他的爱国忠义。

到了晚明，按照当时的道德标准，如果谁投降了农民起义军，其形象肯定会变得很不堪；如果是投降了清廷，也会被千夫所指，备遭唾弃。所以，明末的史可法和洪承畴，一个不降而死，一个投靠清廷，其口碑可谓天差地别。明清交替之际，也是民族矛盾最为激烈之际，大原则上不会有任何松动。所以，秦良玉只会效忠于明朝。

冼夫人和秦良玉所持之心，在各自所在的时代，都是忠诚的。

《隋书》之《列女传》赞颂冼夫人："明识远图，贞心峻节，志不可夺，唯义所在，"认为冼夫人的"心"和"志"是不可改变的，行事只看符不符合义，足可见当时对冼夫人的忠诚就已经很认可了。到了明朝，士大夫、读书人对冼夫人依然是崇敬的，例如明朝诗人吴国伦的《冼夫人庙》：

中原累新主，南粤恃斯姬。

传檄无二心，肤功矢自树。

顽凶荡以除，百蛮皆内附。

父老殊晏然，何须长卿谕。

从这首诗就可以看出明朝的读书人对于冼夫人的时代环

境、政治环境是理解的，而冼夫人身处这个环境中所做的选择，也都是被大家认可的。"中原累新主"，天下一次一次地更换王朝，但冼夫人要做的不是忠于某一姓王朝，她的职责就是让南越安定，"南越恃斯姬"。对于冼夫人在这种变更不定环境中做的选择，后世的吴国伦认为还是"无二心"。

冼夫人和秦良玉，身处不同时代、不同地点，但是如果易时易地，估计也会做出相同的选择。

随着历史的发展、思想的进步，冼夫人的精神反而能够跳出时代局限性的约束，于当今获得越来越多的认同。因为她最终所忠诚的，是整个中华民族。

时代有时代的盛世，个人有个人的盛况。时代有时代的局限，个人有个人的突破。什么是优秀？其中一个表现就是突破你所在环境的天花板。

最后，尝试着将冼夫人和武则天进行一下对比。

冼夫人和武则天二人具有一定的时代交集，虽然不在同一个朝代，但年代并不十分遥远，冼夫人生活在南北朝时期及隋初，武则天生活在盛唐时期，但是，冼夫人的后代生活在武则天的统治下，而且遭受了武则天的打击。彼时冯家族众死的死，流亡的流亡，冼夫人玄孙冯君衡被杀，冯君衡的儿子冯元一成了宦官，后来改名，也就是大名鼎鼎的高力士。

冼、武二人初看似乎不具备可比性。武则天是帝，而且是中国古代唯一的女皇，坐镇的是整个大唐；冼夫人是地方头领，镇守的是岭南，影响力上不具备可比性。

但二人亦有相似度。她们都在封建男权社会获得了较高的权威。冼夫人和武则天都是女强人，而且都是不用攀附于男性的女强人，大唐王朝之中的很长一段时间内，包括武则天自己建立的大周王朝，基本上是武则天说了算；而在岭南，虽然领域远不如大唐或者大周，但冼夫人在这里被尊为"圣母"，凡发号施令，各部落莫不唯她马首是瞻。

中国古代政坛上的女性，其实很少有以独立身份直接坐镇中央或地方的，一般是以"太后听政"的方式统治天下或者地方，而武则天直接称女皇，冼夫人也不用在前面树一个男性的招牌，而是直接当首领。不过，冼夫人和武则天的成功，都属于历史上的孤例，她们并没有改变男权社会的结构。

在性格上，二人都极为坚强、果断。冼夫人无论是发兵平叛，还是大义灭亲，都是雷厉风行。武则天在走上皇位的道路上，一直是干脆利落，从不落人后。然而，和冼夫人相比，武则天多出来一个字——毒。武则天排挤诛杀对手的残酷例子，这里不用多说。武则天的心狠手辣也未必完全是天性使然，而是斗争的必然。

洗夫人突破性的贡献，在于她是一个具有"版图意义"的女性，既不只是相夫教子的贤妻良母，也不只是冲锋陷阵克敌制胜的良将，她的名字和祖国的版图紧紧联系在一起。例如提起左宗棠，我们会想起新疆，提起郑成功，我们会想起台湾，而提起洗夫人，我们就会想起岭南，她的大名和国家的一统、版图的完整，紧密结合在一起，在历史上能有这个意义的人，并不是太多。

洗夫人突破性的贡献，还在于她能够做到以女性的身份掌握一方。女性决定一个地方的进退存亡，这虽然不是孤例，但也是很罕见的。诸葛亮治蜀，后世立庙立祠堂，洗夫人在岭南成为"圣母"，从广东到海南，各地纷纷祭祀，绵延千余年，其实比祭祀诸葛亮还要普遍，成为一种地方文化。人们以敬仰英雄的姿态纪念她，她在丰富升华中华女性的形象方面，具有极其重要的意义。

纵观冼夫人的成功，不是她在岭南有多么高调，也不是天下有多少人羡慕她的富贵权势。虽然她弓马娴熟，足智多谋，虽然她处事果断，出手如霹雳，虽然她每次在历史紧要关头都踩准了节奏，没有出一丝误差，但她并未借此谋取私利。她的成功，主要体现在能让岭南人心安稳，天下局势趋于一统，避免战火，安居乐业，所以她的成功历久弥新，令人感动和怀念。

第六章

格局密码

千 秋 功 业 ， 格 局 为 大

　　了解了冼夫人的生平，我们会有这么一个领悟：人的一生，要跨过三大门槛，才算得上成功，或者说才算得上顺利。一是技术门槛，一是人品门槛，一是格局门槛。史上很多人物，未必都能跨过这三道门槛，尤其是格局，很多英雄豪杰、贤能君子，乃至帝王将相，都败在格局两个字上面。而对于冼夫人而言，没有任何一道门槛绊住了她，她最终得以走上千山巅峰，俯视万千世界，成为圣贤。

技术门槛

　　技术门槛，也就是指"能"，即能力、才能，做圣贤，先要做能人、能吏。

　　所谓技术门槛，低一点儿也可理解为生存门槛，高一点儿可以理解为事业门槛。不跨过这道门槛，人就不足以立于世，遑论道义。要活下去，要建功立业，都靠技术。孔子也免不了这一道，他说，自己年少的时候，因为不被国家任用，没个一官半职，所以为了活命，为了生存，掌握了很多技能（"吾不试，故艺"）。孔子是圣人，但生存这道门槛，也同样要去面对。

　　孟子也说过"仕非为贫也，而有时乎为贫"，意思是当官不是为了解决温饱，但有时候也是因为贫困才出来谋生。一个人光顾着道义，眼睁睁看着家中老人和妻儿挨饿，那也是有违道义的，所以必须出来谋生。但如果不符合自己的理想，甚至谋生手段和自己的理想相冲突，那就找一份地位卑微但薪水和地位很匹配的工作（"宜乎辞尊而居卑，辞富而居贫"），既不违背理想，又能活下去。

　　以上是从生存层面说的，总之，就算有一百二十个不情愿，你还是得去谋生。生存第一。

　　这对于冼夫人不是问题，冼夫人的家世，在岭南可谓处在最高级别，兹不赘述。

　　高一点儿层面的技术门槛，就是指建功立业、实现抱负和理想的本领。这个门槛就高多了。古代君主访求贤能，很多时候就是找"技术派"，帮自己发展。武丁寻求奴隶傅说为国相，因为傅说是治国上的"技术派"。刘邦拜韩信为大将，因为韩信是军事上的"技术派"。韩信死后两千年，天下还是为他不平，不只是因为他被刘邦冤杀，更是因为他用兵如神，屡创军事奇迹，令后人钦佩。岳飞冤死之后几百年，中国人民还在怀念他，不只是因为他精忠报国，还因为他擅长用兵，屡战屡胜，令金兵闻风丧胆。他曾经让南宋百姓有安全感。西门豹能名扬千古，主要原因是他是能吏，能把邺治理好。"毛遂自荐"之所以能成为一个成语，也是因为毛遂能以一己之力，说动楚王结盟救赵。

以上不是能将，就是能吏，要么就是能人。

成功的道路千条万条，没有技术的话，哪一条都实现不了。

冼夫人能在岭南称"圣母"，如果没有才能傍身，是镇不住场子的，更是不可能有号召力。冼夫人必须要有能为岭南人民解决问题的本领，才能赢得地方和天下的尊重。可以这么说，冼夫人的威望，至少有一大半是靠打出来的。冼夫人一生至少经历过岭南的四次大动荡，每次都是万分危急，岭南及广州城屡遇危难，但每次都能被冼夫人平定。冼夫人靠什么平定呢？靠的是过硬的军事才能。

所以，冼夫人首先是一位军事能人、一位优秀的军事指挥官，能扫平叛军，给岭南带来安全感，然后才能获得信任、赢得尊重。关于冼夫人指挥过的四次著名战役，只有奇袭李迁仕那一次史书记载得相对仔细，其他三次只说了结果，但有一个事实无法否定，那就是冼夫人打的都是胜仗，她每胜利一次，岭南人民对她的信任都增加一层。冼夫人的威望，很大程度上是建立在能打仗的基础上的。没有军事上的冼夫人，就没有政治意义上的冼夫人和精神偶像意义上的冼夫人。要有军事上的杰出贡献，才能撑起冼夫人的历史地位。

中国人崇拜关公，是因为他为人忠肝义胆，同时也是因为他骁勇善战，能奋起神威斩将过关，克敌制胜，被人们视为忠义和威猛的化身。

那些成神的人，都是因为有超强的本领、过硬的技术素养。

人要善良，人要努力，人要宽容……如果这一切美德没有"技术元素"做底子，没有一个"能"字，一个人是很难过好这一生的。善良能赢得尊敬，诚恳能赢得友好，而有本领才能赢得佩服，赢得合作，赢得机会。好的人生，很大程度上是凭借过硬的技术经营出来的。

没点儿高明的兵法，没点儿过人的胆气，没点儿雷霆手段，光靠菩萨心肠，冼夫人在那样的时代还真是立不起来的。这在"兵法密码"这一章已经详细阐述过。

原则门槛

原则门槛，其实也可以理解为"贤"。

技术门槛是极其关键的门槛，没有它，就没有进一步走下去的可能。但是，成功的人生并非过了这个门槛就行了。下一个门槛就是"原则门槛"。做人除了有硬本事，有干货，还要有一点，那就是要有原则，有底线，遇事不苟且。史上很多英雄豪杰，其实并没有跨过这一门槛，结果导致功亏一篑，甚至身败名裂。

李斯就是一个典型。李斯是战国末期和秦朝的优秀政治家、谋略家，是他助大秦帝国在一统天下的赛场上进了临门一球，然后又助秦始皇废除诸侯，在全国建立郡县制。若论技术这个层面，李斯已经走到了很高的位置。后世的张良、陈平都不见得高出他李斯多少层次。但李斯有个致命的缺陷：做人没有原则。

在沙丘的那个晚上，秦始皇死后，赵高拉拢他矫诏立胡亥为皇帝，半生英明的李斯，在此时居然又是流泪，又是彷徨，最后屈从。底线全无，人格全丧，最后一步步滑落到仰人鼻息、腰斩灭族的地步。

聪明睿智的李斯，之所以如此收场，其中一个最重要的原因就是，他没有跨过人生的原则门槛。李斯可谓"能而不贤"。

丧失了原则这张底牌，一切技术优势都很有可能无法发挥，荣华富贵也随之烟消云散。

洗夫人心中的底线，从来没有丢失过，也没有模糊过。每当大事来临，洗夫人将底线守得牢牢的。李迁仕诱导冯宝谋反，洗夫人和冯宝没有上当，并且主动出击，征讨李迁仕。欧阳纥扣押她儿子冯仆要挟她，洗夫人没有动摇；孙子冯暄和叛兵将领有勾结，她没有姑息。洗夫人自始至终有一条底线，那就是岭南不能叛乱，天下不可分裂。这个原则定下来了，任尔东西南北风，我自岿然不动。任谁来了，也不能让她改变决定，更不能让她动摇。洗夫人可谓既贤且能。

心中有原则的人，能坦然面对一切变化，甚至突变。世事可变，人心可变，但原则不可变。原则才是处世的最关键密码。以不变应万变，万变的是现象，不变的是原则。

原则能超越一切手段和技巧。在绝对的原则面前，一切诱惑和威逼都是浮云。人如果过得了原则这个门槛，就万事不惧了。没有原则，人生失败的可能性更大。李斯的本领可谓史上罕有匹敌，但因为丧失原则，导致一败涂地且结局悲惨。无能，何以立世；不贤，何以立德；不贤不能，何以为人？

格局门槛

格局门槛，即做人要有格局，要有胸襟、气度、胆识等。人具有一定能力，不是难事，会经营，会管理，会演算，会发明，乃至于会做买卖，会搬砖，都是"能"。进而为贤，能与人为善，能坚持原则，能谦虚礼让，能热心公益，能安抚下属……可谓之贤。然而，在贤能之上，还有一个"度"的问题。度，不只是度量而已，更是做人的框架、格局，能容多大，能看多远。说白了，就是要通透，要超然，尤其是对个人的地位和遭遇，要通达。没有格局的人，往往是在个人利益、一时得失上看不通透之人。

古来英雄之争，到最后，往往是格局之争。做人没有格局，就没有度，人品就上不去，做事就不长远，因为心胸太小，气量太狭。而如果在刀光剑影、波诡云谲的乱世，没有格局可能就会有覆灭的命运。东汉末年的刘表，可谓能吏，亦可谓贤吏。他在乱世当中，受命为荆州刺史，在他的精心经营之下，荆州成了乱世风云之外的一块乐土，民生富庶，贤才聚集，五谷遍野，其乐熙熙。然而，又能又贤的刘表，却缺乏战略眼光，不能跳出荆州看天下，以为有这么个安乐窝就万事无虞，刘备屡次劝他北上经营，但是他犹犹豫豫给耽误了时机。然后，荆州就没有他刘表的然后了。

冼夫人的处境，某种程度上和刘表极其相似。岭南就是冼夫人的"荆州"。冼夫人无论治绩，还是威望，都不在刘表之下。而且刘表还是朝廷空降到荆州的，而冼夫人则是岭南的世家首领，有祖上积累的人脉和权威，再加上经营得好，岭南完全可以成为冼氏家族的安乐窝。论基本盘的稳固，冼夫人更在刘表之上。

按照这个情景，冼夫人大可以凭借自己的贤能，在岭南割据一方，称王称尊，与朝廷分庭抗礼。当然，如果这样，岭南将沦为劫灰之地。这就看冼夫人的格局了，既看政治格局，更看历史格局。幸好，冼夫人从不让人失望，她放眼看过去的是整个江东大地，是整个中华大地，在她的格局里，岭南不是一份独享之物，而是天下之一部分。所以，她没有局限在岭南一隅，而是每次遇到叛乱，就挺身而出，将自己热爱的这片大地往大格局上推，永远不离开中华这个大框架。治理好一方，保全好一方，那是能；收民心于一方，那是贤。而能使一方与大一统共节奏，那就是格局。冼夫人追击李迁仕，北上与陈霸先会面之后，回来就和夫君冯宝说："陈将军非凡人，可以好好结识。"后来陈霸先称帝江东，冼夫人当初如果没有格局，是做不到慧眼识珠的。

刘表没能从荆州跳出来，最终没能保住荆州；冼夫人能从岭南跳出来，却保住了岭南。

由能而贤，再往上，就是"圣"。

人要从眼前的框架、利益跳出去，提升一个境界，其实，也要从自己的能与贤中跳出来。人的眼光和度量，有时候也会被局限在自己已有的贤与能里。如果把贤能作为自己的资本，恃才傲物，不仅遮蔽了眼光，可能还会把已有的贤能都丢了。一旦对自己的贤与能过度相信，就会形成"迷之自信"。有些贤能之人，就是在迷之自信当中丢失了本来的优势。

一个人有没有被自己的贤能所局限，明显的判断依据就是其贤能是为公所用，还是为私所用，是将贤能为众所用，还是令众人为我之贤能服务。冼夫人是一方大贤大能，但她没有把贤能作为自己的资本，明显的证据就是，她的贤能是为岭南所用、为天下安定大局所用，而不是将岭南捆绑在自己的贤能上，盘算天下，利用岭南。

从南梁内乱到陈朝取代南梁，从陈朝被灭到隋朝统一天下这个期间，存在好几个中央王朝的空白期，一些人就很可能利用这些空隙，凭借自己的能力和支持度，割据一方，这在南北朝和后来的五代十国时期，是地方军阀的常规操作。割据其实也是藩镇对自己能力以及人心拥护程度超级自信的一种表现。

在梁武帝死后、陈霸先稳定大局之前，这段时间是南朝历史上一个极大的空白期，因为当时各地军阀互不配合，连梁武帝的儿孙也相互攻击，从江陵到建康城一带，可谓千里空虚，群龙无首。当时的建康城一片残破，而长江中游的江陵，户口不到三万，南朝极度薄弱空虚，这时候看来似乎是自立割据的好时机，但冼夫人没有把贤能当成谋私利的资本，没有把岭南捆绑在自己的贤能之上，而是以贤能为岭南所用，带着岭南平稳度过了这段惊涛骇浪期。

与冼夫人同时代、同地域的欧阳纥，其实也是一代贤能，于岭南颇有美名，在广州一带坐镇日久，声名闻于百越，其子孙中亦多有贤才，例如著名书法家欧阳询，然而，凭此而乱，终至于覆灭。

贤与能，若为公所用，则可臻于圣，若为私所用，则沦为耻辱。

说到冼夫人的格局，且不进行抽象的论述，没有对比，就看不出优秀；没有对比，就看不出高度，我们不妨将冼夫人和稍早于她，以及与她同时代的一些贵族以及士大夫进行对比。

先让我们把眼光放到西晋末年。

西晋是一个门第社会，有一位贵族，名为王衍，当时的地位可谓一时无两，他享受无比高的荣耀，列坐于无比高的位置，后赵皇帝石勒说他"名盖四海，身居重任"，一点儿都不过分，当时人也说他王家是"一世龙门"，真是精英一族的天花板。东晋权相看见他，也赞叹不已，说王衍处在众人当中，就如同珍宝在瓦砾当中那么醒目（"如珠玉在瓦石间"），然而，长相英俊、风度翩翩、学识高超的士大夫就未必是世人的楷模、时代的栋梁。为什么？因为格局不行。

王衍身在高位，盘算的却是自家的命运，以及怎么给自家人做最好的安排。《晋书》记载，王衍也不是没有先见之明，他的智商还是够用的，老早就意识到中原地区将会大乱。然而，他此刻想到的不是为晋朝百姓解忧，也不是为晋王朝找出路，而是忙着给自家弟兄找安身之所，只想着如何保全自己家族。他把弟弟王澄安排为荆州地方官，堂弟王敦安排为青州刺史，自己则镇守中原，这样一来等同于狡兔三窟，还洋洋得意地说："荆州有长江天险，青州靠着大海，你们兄弟二人在外，我在内，可以狡兔三窟高枕无忧了。"做如此安排的时候，自私的嘴脸显露无疑，因此当时的人就很鄙视这位"一世龙门"的贵族。

王衍的这种安排，很像现在提倡的"不把鸡蛋放在同一个篮子里"之类的安排，他把荆州、青州和中原，看成放自家鸡蛋的三个大篮子。气魄很大，格局却很小。

将王衍的行事和冼夫人比一比，高下立判。王衍的所谓成功人生，就是兄弟占据高位，各有一块地盘以保家族平安。而冼夫人从不把自身利益和家族利益置于岭南民众利益之上。在大义面前，她没有做所谓的"不把鸡蛋放在同一个篮子里"之类的安排，而是坚守岭南，心系岭南，所有大事决策都以岭南民生为出发点。王衍让弟兄们各据一方，为家族扩大家院，冼夫人却在亲人被敌人扣押为人质或者和敌人有所串通的时候，不顾一己之安危，只管进兵平乱，大义凛然，一往无前。王衍若能见此，岂能不惭愧？

王衍临死，也有所悟，惭愧地说："向若不祖尚浮虚，勠力以匡天下，犹可不至今日。"意思是，假如我以前不搞那些浮华虚幻的东西，和王公贵族士大夫们齐心协力匡正天下，也不至于有今日之遭遇。他醒悟了，晋朝的形势之所以如此不可收拾，自己也死无葬身之地，与自己平时的自私不无关系。格局小了，家国保不住，自身也保不住，气节名声更保不住。

而冼夫人平时行事，无私心，能公道，守大义，有气节，凡所有一切行为，都是为着岭南大众，更是带领岭南去维护天下的统一和安定，所以行事无悔，岭南也得以平安，天下也得以晏然。如果王衍这样的须眉王公贵族，能像冼夫人那样持心，可能也不至于出现十六国那样的乱局和血腥时代。

如今我们有些人所认为的成功秘诀，其中一条就是"不要把所有的鸡蛋放到一个篮子里"，就像王衍一样。当然，从日常生活中的趋利避害而言，这样做是正确的，例如理财，不能一味地炒股，也要做基金，或投资实业，"狡兔三窟"本来并非贬义词。

然而，人生最大的风险不在于配置不够分散，而在于没有所捍卫的原则，没有所坚守的底线，格局不够大。如果仅仅为了私人利益，这种分散的布局，只会是白忙一场，毫无章法可言。王衍算是遵循了多篮子原则，但是却忘记了天下这个大篮子。所以无论他如何摆来摆去，挪来挪去，都不是从利于天下这个大局出发，中原、荆州、青州这个三角并不能撑起天下这个大格局，进而也就不能形成保全自己家族的铁三角。天都塌了，哪个篮子里的鸡蛋也保不住。

人生赢家，不是赢在个人和家庭的布局上，而是赢在个人的布局要符合时代大局，不和主流相违背上。冼夫人始终以岭南人的生存平安为基本盘，从不去进行所谓的家族布局，而是咬定青山不放松，任尔东西南北风，她总是坚守岭南这个"大篮子"。虽然她的权势威望于全天下而言，无法和王衍相比，但她的布局更稳定、更长远，这不在于她选了几个篮子,而在于她始终记得岭南这个大篮子,不忘天下这个大框架。

框架观念一失,全局眼光一旦被遮挡,鸡蛋再多放几个篮子,也会被打碎。

冼夫人的人生境界之高,不只是让王衍之类的贵族名流汗颜,更是让南北朝时期的一些优秀人士也感到惭愧。

再将冼夫人和南朝早期的贤臣名将比一比。

东晋时期的名流,若论功业之高、名声之美,莫过于陶侃和谢安。谢安因指挥淝水之战名动天下,自不必多说。陶侃是一代名将,扼守长江中游,可谓中部地区的军事顶梁柱。同时他为人谦逊,颇有美名,也是当时的社会偶像。

可能大家不太了解陶侃此人,但一定听说过"大禹惜寸阴,我要惜分阴"这样励志的话语,那就是陶侃的名言。陶侃年轻时当管理渔事的官吏,他把一罐腌鱼拿回去孝敬母亲,被母亲狠狠教育一顿,在母亲的严格教育督促下,他终成一代廉吏。这个故事想必大家也知道。

总之,那时候陶侃是公众的偶像,时代的榜样,人生的赢家。

那么,在格局上,在气度上,陶侃与冼夫人相比又如何呢?

陶侃效忠东晋，多次平难溃敌，其胸襟应该是很广阔的，然而，陶侃也有那么一回小气的时候，那么一回被打脸的时候。公元 327 年，东晋的地方官吏苏峻发兵谋反，刀锋直指国都建康。东晋被打得措手不及，大败亏输，于是就向镇守长江中游的陶侃求援。

在东晋军事体系中，论地理位置除了处于下游的建康城之外，最重要的是处于中游的荆州，而陶侃那时是荆州刺史，长江中游地区的核心人物。东晋权臣温峤向陶侃求援，请求其带兵奔赴建康。

陶侃这个时候却闹情绪了，不去。

是时机不成熟，还是战略物资不充分，抑或因为敌人太强大而有所顾忌？

都不是。

温峤问的时候，陶侃这位名士的回答，令人大跌眼镜，他说："当年先帝临终前托孤，居然没有把我考虑在托孤大臣之列，说明我不是朝廷重臣，现在朝廷有大事，那必须让托孤大臣去，我哪里有资格去？"

陶侃说这番话的意思无非就一个：我有情绪。

事情的起因是，公元 325 年，东晋的明帝病重，交代后事，他将江山委托给王导、温峤和郗鉴，拜托这几位重臣辅佐新主晋成帝。

没想到一向有雅量的陶侃来情绪了，他本来对自己的地位和分量足够有信心，因此自尊心大受伤害，嘴里没说，但心里计较了好几年。到公元327年，朝廷需要他的时候，他开始闹情绪，不出工，还冷冰冰地说了一句："吾疆场外将，不敢越局。"意思是，我是守边的将领，不敢越俎代庖干涉朝政，表面上是谦虚，其实是给脸色看。

史书也这么记载，"初，明帝崩，侃不在顾命之列，深以为恨。"陶侃不在先帝托孤大臣之列，于是深深地遗憾。

在温峤反复的劝说下，陶侃这才勉强答应出兵，派遣都护龚登率兵前往，可是，他居然又半路上把兵马叫回来，把温峤急坏了。这时候陶侃的夫人都看不下去，也劝他以大局为重，陶侃于是戎装登船，亲自率师开往下游的石头城。

陶侃是南朝士大夫当中的佼佼者，是为人的榜样，面对国家大难，尚且夹带私心，这位朝野楷模不免有点狭隘，史书将其记载下来，无疑有指责批评之意。

冼夫人则不然，面对国家大难，她从来没有计较过，从来没有闹过情绪，只要国家有难，她立马动身，没有一丝犹豫。

当初李迁仕欲与侯景的叛乱遥相呼应，召冯宝，冼夫人立即率兵偷袭李迁仕，没有犹豫过半时半刻。欧阳纥在广州起兵发难，手里还扣押着冼夫人的儿子，冼夫人可谓连眼睛都没眨一下，义无反顾地与欧阳纥叛兵对抗。王仲宣反，冼夫人孙儿冯暄犹犹豫豫，冼夫人却是二话不说，囚禁冯暄，再遣师出征。

和陶侃相比，冼夫人对国家的忠诚，更为纯粹。

陶侃虽然最终还是出兵为国平难，但不免还是要想一想，等一等，冼夫人的行动则是如电光石火般干脆利索。

其实，若论与朝廷的关系，冼夫人不如陶侃那么密切。

陶侃是东晋名臣，东晋之于陶侃，只有提携之恩，并无相负之恨。但陶侃只是因为东晋明帝临终前没有想到他，居然闹情绪，一时置全局安危而不顾，气度多少有点儿狭隘。

若论冼夫人和南梁王朝的关系，却有着血泪和委屈，当年梁武帝讨伐俚族，重兵压境，屠戮生灵，冼夫人的父亲也是这次征讨的受害者。这个仇比陶侃的"深以为恨"深多了，但在私义和大义之间，冼夫人选择了后者，为国赴难，为民除害。

在气度上，冼夫人胜陶侃一筹。

在大义上站得住脚的成功，就很难被指摘，冼夫人能取得成功，就在于明大义，顾大局，为国不犹豫。

成功如果没有人品上的护持，缺乏人性上的光辉，是不值得效仿和学习的，学了反而有害处。成功一定要和人品联系起来。

有人品的成功，利人利己；缺人品的成功，害人害己。有人品的成功，是助推历史前进的力量；缺人品的成功，贻害无穷。

对比完东晋时代的人物，我们不妨再来一个横向对比，以侯景之乱为中心事件，围绕着这次兵变，将形形色色人物的所作所为和冼夫人的表现进行对比，不是对比所谓的忠奸，而是对比这些人物的格局和高度。这样的对比是合理的，因为冼夫人虽然不是这次事件的中心人物，但毕竟也是亲历者，而且也是一定程度的参与者。冼夫人崛起于历史的舞台上，一定程度上也是因为侯景之乱。

再回到公元 548 年的现场，侯景从寿阳起兵，很顺畅地打到了南梁国都建康城外，就在长江边上。南梁王朝任命的历阳太守名叫庄铁，居然带兵降敌，而且成了侯景的向导，他对侯景建议说："国家承平日久，民不习战。听说大王起兵，早就手足无措，趁这个时候赶紧率兵占领采石矶这个战略要点，建康城就指日可得了。"

镇守要津的官员，第一个把梁武帝"卖"了。

这是地方官吏的表现，而梁武帝的家人亲戚呢？

侯景拿下历阳之后，听庄铁的建议，前往采石矶。此时，梁武帝任命自己的亲侄子、临贺王萧正德驻守丹阳郡。丹阳郡是建康城的门户之一，而镇守门户的萧正德居然派遣数十艘大船，表面上说是帮助江防，其实呢？居然是帮助侯景在水上运输军队。

萧正德为何吃里扒外？就在于心怀不满，因为萧正德曾经被萧衍过继为儿子，有了亲生儿子后就让萧正德回归本宗。后来萧衍当了皇帝，封亲生儿子为太子，因此萧正德心有不甘，幻想通过侯景叛军扳回一局，让自己成为南梁君主。

有血缘关系的王公贵族把梁武帝"卖"了。

地方官和王公贵族如此，当时贤良的士大夫呢？

也有一些很不堪。

说说名流吧。

在当时被围困在建康城内的，还有一代名士、南北朝文学集大成者庾信。庾信，是连李白、杜甫都很钦佩的，李白诗云"清新庾开府"，赞的就是他庾信；杜甫诗云"庾信文章老更成"，赞的也是庾信。

庾信家族是南方北方都闻名的文化世家，"七世举秀才""五代有文集"，他本人十五岁就被征召为太子东宫讲读，而庾信的父亲庾肩吾担任太子中庶子，父子俩都在太子左右，可见其受南梁器重到了何等地步。那是真正的世受隆恩。

这里不多讲述庾信的光荣史，就讲讲庾信在侯景之乱中的表现。

侯景攻城的时候，庾信受命守卫京师的朱雀门。当时庾信正在吃甘蔗，侯景军中发来一箭，正中门柱，而庾信手中的甘蔗应弦而落，庾信大惊失色，丢下自己统率的三千人马，带头纵马而逃，于是好好的朱雀门就这么丢了，随后他沿江西行，逃往江陵。庾信本是文士，没见过这种阵仗，还情有可原，但既然受命率军，那就有使命在身，被区区一支箭就吓跑，气节胆魄之弱，可想而知。

梁武帝的第七个儿子萧绎，此时则镇守长江中游的江陵，是为湘东王。侯景之乱的时候，萧绎在干吗呢？一是拥兵不进，逗留江陵观望；一是内斗，和自己的侄子河东王萧誉交战。建康城水深火热，皇家子弟们却趁机火拼。

等侯景乱局基本稳定后，子弟们也不是以安定大局为先，而是继续内讧，争权夺位。萧绎已经在江陵登基为帝，即梁元帝，本来应该重振河山，整顿朝纲，安抚民生，结果呢？梁武帝萧衍的孙子萧詧，居然勾结北方的西魏国，大兵南下攻取江陵。彼时的将领，十分淡定，居然君臣正襟危坐集中一起听梁元帝讲《老子》，西魏兵马突入，灭梁元帝政权，萧詧如愿以偿地登基为帝。但这个时候他的地盘，已经只剩下江陵这块巴掌之地。绝大部分江南，后来归于陈霸先。

同样是受南梁王朝任命的高州刺史李迁仕，也甘心从乱，起兵附和。

列举以上南梁王朝王公贵族以及一些士大夫的表现，就是和同时代的冼夫人做一个对比。身在偏远岭南的冼夫人，并未受到所谓天朝的厚恩，甚至还有矛盾和摩擦，冼夫人也没有像庾信那样饱读诗书，位列朝廷重臣，但是，一旦有大事，犹豫的、背叛的、隔岸观火的，都是这些贵族大夫，真正毫不犹豫就起兵平乱的，却是地处偏僻的部落首领冼夫人。

侯景之乱时的岭南，于南梁王朝，并无义务，就算不参与平叛，远远地在粤西的崇山峻岭之间观望也是没什么可指摘的，毕竟力量有限，影响微弱，冼夫人完全可以坐拥地方十万户，以大山为阻隔，在岭南自得其乐，岁月静好。

然而，冼夫人并没有"躺平"，而是积极参与这段历史进程，而且是从正面方向参与，她不仅深入虎穴，击破叛军，而且又不停留在保境安民的层面，又大胆北上，去和北方的大军接触。冼夫人此举何止是深明大义，更是大胆探索，为了给岭南找到正确的定位，她更是勇敢地跨过了阻隔南北的山岭，见到了未来的统治者陈霸先，其实也是了解到了南朝未来的动向，同时做好了岭南应有的应对。

修炼自身，要有格局；带领团队，更要有格局，带头的有格局，团队才会有格局。有格局的人和团队，才能走得远。冼夫人站得高，格局大，也成功地提升了岭南地区的格局，在冼夫人的努力下，岭南从此不是一个可以小觑的角色。这种地位和作用，在隋朝、唐朝一直延续着。

后人在评价冼夫人的功绩时，很多都只注意到了她维护了天下一统，护佑了岭南苍生，却没有意识到，冼夫人通过自己的努力，使岭南的地位得到提升。好的领导，就是要带着整个团队上升。

冼夫人身为岭南人，在公元 6 世纪至 7 世纪之际，在岭南的影响力和中原、江东乃至西川还不能相提并论的时候，就能作为重要角色走上历史舞台，发出耀眼的光芒，照耀中国的历史进程，固然是因为她本人的睿智和勇敢所致，但如果沿着时间的河流向上流看去，就可以看到，她的家族已经在之前做了很长时间的准备。

第七章

家世密码

看君似孤峰，实在绵延来

每一种成功，都有其源头；每一份优秀，都有其传承。历史上冒出来的那些英雄豪杰，看似孤峰突起，其实，很多是有积累的，要么是自己积累，要么是祖先积累。而要成为一个名垂青史、影响久远的人物，尤其是政治军事文化上的，很多都不是由一代人完成的，而是一代接一代接力完成的。

例如叱咤风云的项羽，他的神勇并非突如其来，而是楚国尚武精神的一种延续；大唐王朝的缔造者李渊李世民父子，并非突然崛起于隋末揭竿而起的风云之中，他们出身于甘陇军事集团，除了祖父辈、父辈在北周王朝已经是贵族，更远一点儿，他们的老祖宗李暠是西凉国国君，而西凉国是当时北方的十六国之一。司马迁能够成为史家泰斗，也是因为其是太史公家子弟，占有文化史学资源上的优势。

总之，看似横空出世，其实准备已久；看似一枝独秀，其实早已蔚然成林。

让镜头来到早于冼夫人七百多年前的时代，在冼夫人闪亮登场之前，岭南到底发生了什么？是怎样的积累造就了一代圣母冼夫人。

在秦始皇一统江山的铁骑从西到东、从北到南踏了一遍后，偏处一角的广东、广西也进入了他的战略视野，于是长剑一挥，雄图再溢，武力再张。公元前219年，五十万大军在屠睢、赵佗的率领下，其中四十万前往岭南，几番风雨，几番消长，最后只有赵佗沉静地坐稳番禺，依山傍海，远离中原，建立南越国。等一切尘埃落定，已经是公元前206年，秦王朝已经进入尾声，楚汉决战的干戈正在中原挥舞，农夫不得安于田亩，织妇不得安于机杼。

而安静的南越，迎来其新主人的同时，也有当地的土著向新主人靠近，其中一支就是冼氏。当七国纷纷动荡时，远方的岭南地区，也是各部落纷争不已，并非静静的乐园。冼氏聚集了家族的力量，以高凉山为屏障，又以平地田川为生存之地，内重生产，外御强敌，渐渐地，周边势力不敢觊觎，于五岭之南，经营出一块理想的园地。

不光是要保境安民，还要看看外面的世界，是风是雨，是吉是凶，都得去观察观察，以决定自己的方向。当北边来的赵佗坐镇番禺时，冼氏家族主动来了，吹吹北方来的风，探探中央王朝的风景。

这次见面，是岭南文化和北方文化的一次和平触碰，很愉快，很有效，去拜会贵客，带礼物是必须的，为了这次见面，冼氏精心挑选了物资二百余担，浩浩荡荡，备足了心意，也坦现了真诚。可以想象，当时南越都城的轰动程度。

这不是最重要的，最重要的是岭南的智慧，和来自北方的智慧，以及诚意，都是对等的。

一代英豪赵佗，和冼氏部落的人的对话基本上在同一个频道，他们说得上话，他们能懂彼此，进而彼此欣赏。史书虽然记载寥寥，字里行间却可见当时的惊喜气氛："佗大欢悦，与论时政及兵法，智辩纵横，莫能折……"

咸阳方面派过来的大将，被岭南地方人士的智慧深深折服，无论是谈时事，还是谈兵法，都很谈得来。

值得注意的是，话题并没有停留在风土人情上，而是涉及当时的天下大势，可能赵佗在与冼氏部落的人见面之前的看法是：岭南一带的土著并不知晓山以北茫茫中原、大河左右的波诡云谲、大风激荡，没想到，冼氏家族的人一一知晓，一一道来；变幻莫测、出奇制胜的种种奇谋高论，冼家的人也是了如指掌。

相谈甚欢的结局就是，赵佗说："高凉方面的事务，就交给你们了。"

这一次历史性的会晤，距冼夫人的时代，足足有七个世纪。然后，透过七百多年的风云，我们似乎可以预先看到冼夫人那睿智的笑容，已经在秦汉之际的天空璨然绽开，一颗穿越时空的慧心已然从公元前三世纪出发，经过世世代代的积累，最终落于冼夫人这个具体的人物身上。这里要说的是，不是穿越，并非科幻，冼夫人那么优秀，不只是因为她个人做了什么，而是因为七百年前的祖先已经做好了积累。

冼夫人如此优秀，那么我们来看看，她到底是有着怎样的家庭积累和基因储备呢？

同时，冼氏家族的人，能和中原文化无缝对接，是有什么高人在指点吗？这个我们也要好好说一说。

先看看冼这个姓的遥远背景。这个背景宏阔而悲凉，伴随着中原大地的血雨腥风、金戈铁马，以及诸侯列国的枯荣兴衰而诞生。

赵佗是常山郡真定人（今石家庄市），他随着屠睢南下的时候，同行的还有一个真定老乡，名为沈㳒。

沈沕也是有其来源的，从他这里再上溯八百年，到西周王朝建立之初，那时候大封天下诸侯，有个叫季载的，被分封了一个国家，名为聃国，在今天的河南和安徽一带，是当时中原最大的诸侯国。季载身份不简单，是周文王姬昌的第十个儿子，是周武王姬发的同胞弟弟。周成王的时候，季载贵为司空，位列三公，不简单。

沿着这条线再走，公元前 770 年，西周王朝落幕，周王室动迁，伤筋动骨的不只是周天子，也包括诸侯，季载的后人也迁移到了沈国一带。

沈国的级别不高，初为侯国，周厉王时降为子国。周王朝分封爵位，按照等级依次分为公、侯、伯、子、男，如果诸侯国国君的爵位是子爵，那他所在的诸侯国即相应被称为子国。

在列国纷争、干戈四起的东周，沈国扛了五百多年，很辛苦。它因邻近楚国，不得已与之结盟，后多次被晋国集团的各国攻破。

公元前 624 年，晋、鲁、宋、陈、卫、郑六国联手出兵沈国，沈国从此一蹶不振。

公元前 583 年，晋国又找上门了，这一回楚国战败，也顾不得小弟沈国，一路逃奔，留下沈国独自承担一切，其损失可想而知，连国君揖初也被掳走。

屡次被中原教训的经历，并没能让沈国放弃对楚国的友谊，不是不跟中原好，而是楚国离得太近，尽管楚国不争气，但还是不得不巴结着。于是在公元前558年和公元前537年，沈国又跟随楚国两度伐吴，结果是国君沈子逞被掳走。

但沈国亲楚的立场没有因此改变。

公元前506年，晋国召集诸侯，会盟于召陵，楚国不去，理所当然的，沈国也不去。晋国很生气，后果很严重，自己连手指头都没动，只是唆使蔡国动手，于是沈国走到了历史的尽头，走向灭亡。国君沈子嘉被俘，而且在蔡国被杀。沈国立国总计五百余年。

沈国灭亡了，但沈姓依然流传，当时楚国救不了沈国，但照顾其子孙的能力还是有的，沈氏一部分人在楚国为官，具体官职为左司马，并且世袭。

沈国被灭国后三百来年，一个名叫沈汭的人随着秦国南征的大军南下。

当他的脚步踏在岭南这一片大地上时，这个姓氏和此处的山河一结合，又呈现出另一道靓丽而壮阔的风景。当时的岭南，苍梧、郁林、合浦、宁浦、高凉这数千里的地方，早就生活着一支名为俚的民族。

沈沋跟这个民族结合了。

沈沋被高凉部落的女首领招为夫婿，部落姓"先"，加上沈字的"氵"，于是诞生了一个新的姓氏"冼"。据《姓氏寻源》载："南海番禺多冼（又作洗，xiǎn）姓，盖高凉夷酋姓也。"

当时去面见赵佗的，就是沈沋和他的妻子。部落女首领冼氏——也就是冼夫人的老祖宗、岭南的土著——和赵佗会面，不是毫无准备的，此前已经有了文化的交汇和互补。而沈沋与赵佗本是旧识，可能是他向赵佗引荐了妻子家的人的。

自此之后，伴随着楚汉相争的干戈、文景之治的辉煌，伏波将军马援南下，南越国并入西汉版图。再后来光武复汉，三国鼎立，王马渡河纷纷攘攘，时间流过了六百年。在此期间，冼氏在历史的书页上是相对比较沉寂的，偶尔冒出几个火星，不算闪亮，不能照亮什么，但至少有点儿火花。

汉武帝灭南越的时候，在合浦郡属下设置高凉县。

到三国，公元 220 年，冼氏又冒出点儿火花，我们翻开《三国志》第六十卷，会看到这么一点儿蛛丝马迹，在讲到东吴名臣吕岱的时候说：孙权派吕岱征讨高凉俚人，俚人首领钱博战败归降东吴，然后吕岱根据东吴安抚政策的常规，申请任命钱博为"高凉西部都尉"，孙权也答应了。

为什么岭南俚族的首领到这里就姓钱了？

原来，《三国志》到这里使了障眼法，把"冼"换成了"钱"，为什么要换？

因为，此时的冼姓，还不被汉人政权所承认，写《三国志》的陈寿，悄然把它给换了。

这是公元三世纪。

又过了两百年左右，公元五世纪初，冼家的身影又出现在历史的地平线上。

东晋元兴年间，南方政权和岭南有了明显的互动，广州刺史吴隐之，找到了高凉俚人首领冼劲，任命其为广州刺史府中军参军。公元404年，卢循攻打广州府，这一场战役十分惨烈，连广州刺史吴隐之都被生擒，冼劲带着五百战士拼死抵抗，但广州还是被攻陷，冼劲也被俘，然后不屈而死。

其后，冼劲哀荣备至，作为战俘的吴隐之被东晋朝廷索要回来之后，就向皇帝上表，请求表彰死难的冼劲，于是，到刘宋王朝的时候，冼劲被追赠为始兴太守、曲江县侯，谥号忠义，并且冼氏后人还承袭爵号。冼劲，应该是冼氏家族首个受到正统王朝表彰的人物。

到冼劲这里，可见冼氏在岭南一直是望族，是首领，作为地方部族，和东吴、东晋这些强大的政权，已经有交集，要么有过深入的接触，要么有过激烈的摩擦，要么是在局部的某些事件中有过合作，大江以南的朝廷，已经开始意识到其的存在。

然而，也只是微弱的存在而已。

长江和黄河流域的龙争虎斗，中原地区的滚滚战尘，从东晋到刘宋，再到南齐，再遥远一点，刘裕北伐的激荡岁月，拓跋族的起起落落，北魏的东西两分，都和这个部落、这个家族，并无交集。冼氏的能量，只是在广州以南，南海以北，安静地存在着。

冼劲的儿子冼承烈，继承了冼劲的爵位，接下来，岁月安好地传承下来，一路传到了五世孙冼企圣。冼企圣生下一儿一女，儿子叫冼挺，女儿为冼氏，姑且按照后人给的称谓称为冼英。

冼英，即冼夫人。

一个家族，从秦末开始，走过了漫长的道路，有过小小的辉煌，也有过悲壮的血泪，他们具体经历了什么，可惜并没有详细的记录，正统的史书无暇顾及一个地方部族的恩怨兴替，因为文字记载的详尽与否，往往和其记录对象的影响力是成正比例的。

然而，从冼劲以来的子孙名字，可以看到中原文化、儒家文化的影响力，这五代人的名字里已经有了文斡、文枢、企圣、企贤、企豪，一系列传承人的名字里，有了"文"，有了"圣"，儒家文化的光芒在这个家族开始闪烁。

培养出一个千秋扬名的英雄，要有好几代人的积累，如同地质结构，从古生代的寒武纪出发，经过中生代的侏罗纪、白垩纪，再到新生代的第四纪，层层堆积，最后形成一座峻嶒高峻的山峰。奇秀巍峨的地貌，看上去似乎是一气呵成，其实酝酿已久，发轫在很久很久以前，终于等到这一道最宏大的风景，这一个最杰出的人物，以作为前代无数积累沉淀的呼应。

公元 6 世纪初，冼英降临这个世界。

北边的王朝名为北魏，世宗确立皇太子，并且废除了一条血腥的祖宗旧规：立太子，杀其母。当时，北魏皇室有一条很不尊重母亲的法规，一旦谁被立为太子，就要杀掉太子的母亲。到公元 512 年，指向太子母亲的残忍的制度被废除了，这是个好消息，是人类文明的一线曙光。

南边的王朝名为梁，皇帝是梁武帝萧衍，已经即位十年。南与北之间，没有战争，隔江和平相望，梁武帝在关于礼乐的问题上，下了一些诏令，都是建设性的举动。

总之，冼夫人来到这个世界上的那几年，可谓天下太平，无事可说。

从公元前十一世纪的西周初年，一直捋到公元六世纪的南梁北魏时代，冼夫人家族的脉络基本上清楚了，我们可以得知：冼氏家族一直是俚族部落的首领，保境一方，大部分时间里与北边无争，与中原王朝或江东王朝历史的起起落落、风起云涌并无多少交集。

岭南的山山水水，一直在等待着一个能在中华大历史上有话语权的人出现，而在这方面准备工作做得最好的，当时是冼氏家族。七百多年以来，从镇守一方的管理经验上来说，无论是政治方面的，还是军事组织方面的，抑或经济方面的，冼氏家族都已经做好了准备，只等待着这么一个人物的出现，也等待着岭南以北的历史进程，和这里有一个衔接。

岭南，你预备好了吗？

一个人要成功并不是单个现象，往往带着前人的累积而来，有意识的，或者无意识的，当然也需要时间，或者等几年，或者等几十年，甚至几百年。每一个成长的环节都不能有掉链子的地方，就如同是一个接力工程。

中国传统的观点是"仁者必有后"，这是苏轼在《三槐堂铭》里说的。仁，显然来自祖先的积累，后，不是有后人而已，而是说后人当中有杰出者。宋初大臣王祐，曾经一时不得意，正处人生低谷期的时候，他在自家院子里种下三株槐树，信心满满地说："我的子孙当中，一定会有人位列朝廷三公。"后来他的后人果然达到了他的期许。王祐植树时候所发的豪言壮语，正好说明了中国传统士大夫深信：**祖辈沉淀功德，积蓄能量可以影响子孙命运。**

曾国藩的父亲曾麟书，43 岁才考中秀才，经常因为愚笨而被曾国藩的祖父呵斥，但曾麟书能耐心等待，他不是等待自己金榜题名，而是等待儿辈发奋，以舒他心中一口闷气。于是他精心教育曾国藩兄弟，用自己的心血帮助儿子走向科举成功之路。终于，曾国藩在 27 岁那一年中进士。之后的历史，就不必赘述了。可以这么说，曾国藩的功成名就，是由其祖父星冈公到其父曾麟书一路的铺垫而成。

冼夫人是一座高峰，但不是一座孤峰，她是由前面绵延的山峰推上去的，有顺势而来的气场，也有自己迎势而上的气魄。

冼夫人对于自己降生之前的一切，是没有决定权的，但之前的种种，一定程度上可以决定冼夫人的舞台有多大，一生有多大成就。冼夫人成功的秘诀之一就是，前面有积累。

她的大业之旅，从她出生之前七百年就开始了。

我们今天提倡的成功学，往往宣扬孤军奋斗的多，尤其是重所谓的逆天改命，"我命由我不由天"，强调个人英雄主义，这不只是偏颇而已，更是有害的。把奋斗者塑造成孤胆英雄，等于是将其推上绝路。虽然"祖上积德"，在当今看来似乎过于缥缈，要向百年千年前的先辈借势更不可能，但成功者不是单打独斗就能成为成功者的，他们的成功之路不是从自己开始，而是至少要从家庭开始，从父母开始。

所以人才之成，先要找好出发点，要么你从你的家庭出发，要么你让你的家庭成为儿女成才的出发点。一个连自己的家庭都经营不好的人，很难"逆天"；不给儿女提供好的成长环境，不给予恰当的教育，儿女今后也很难成功的。

当然，祖宗前辈做了积累，不等于你就可以躺着等成功。

冼夫人能成长得这么优秀，不是光靠祖宗积德，肯定有一个学习的过程。历史上也好，现实中也好，一个优秀的人，总是善于学习，而且不停地学习，才能一直处在时代的前沿。

而冼夫人那个时代，世道变乱，形势和人争着比谁快，不学习甚至"活不过一集"，尤其像冼夫人这样的一方首领，正处于时代急剧变化、风云随时变幻的关头，如果不学习，不站在时代高峰，那是十分危险的。因为在当时相对偏僻的珠江流域，五岭以南，怎样摆正自己的位置，如果对此没有先进的认知、长远的目光，将极有可能陷入历史的大坑，万劫不复。

本来，按照家庭条件，冼夫人是可以不学习的。

从前文所述来看，刚出生的她其实算是一位赢在起跑线上的孩子。她在岭南当地是一位不折不扣的"白富美"，是衔着金钥匙出生的"天之骄女"。冼家世代管理岭南，是货真价实的世家大族，一方首领，有《隋书》为证："世为南越首领。"而且，即使在汉人王朝的世界里，他们也早有一席之地，例如冼夫人的哥哥冼挺，就被任命为南梁州刺史。当时的南朝，任用当地土著为官吏，也是一种羁縻之策。

根据这个条件来看，冼夫人即使躺在祖先的功绩簿上睡大觉，也能够成为人人羡慕的人生大赢家。

然而，冼夫人还是选择了努力成长，不停奔跑。

穷人的孩子早当家，下雨了，没伞的孩子得努力奔跑。

冼夫人是富人家的孩子，如果下雨了，不要说有没有伞，跑过来替她撑伞的都不止一个。

然而，冼夫人还是努力地当家，积极地当家，还是选择了在历史的大风大雨中努力奔跑。

比你富有的人还这么努力，所以冼夫人注定是中华史上一位杰出的女性，一位巾帼英雄。

冼夫人不仅自己成功了，她的家庭也成功了，最明显的迹象就是她的后代也成功了，尤其是她的孙子冯盎，也成为岭南一代英豪，甚至成为隋王朝朝廷所敬佩的一名良将，也深受唐王朝的器重。

一个人优秀不算真的优秀，只有把家庭和后人带优秀了才算真正的优秀，史上比较有名的是范仲淹家族和曾国藩家族，子子孙孙把好的修养传承下去。其实，冼夫人的优秀品质也被传承了下来。

好母亲往往会给孩子一个好的示范。在孩子长大之后，他的行为往往会折射出母亲的影子，父母当年如何处事，孩子若干年后也会如何处事。而母亲的影响，丝毫不比父亲小。

在中国历史上，深受母亲影响的圣贤不少，例如孔子、孟子、欧阳修、岳飞等，伟大的母亲具有伟大的示范作用，为孩子提供良好的表率。当然，伟大的祖母也有类似的作用。好妈妈胜过好老师，这句话也许夸张了，但好妈妈一定是位好老师。东晋时候的名将陶侃，就深受母亲湛氏影响。陶侃的母亲很会利用身边平凡的事物来做一些非凡的事情，例如陶侃的好友范逵来访，因为家贫，无可接待，陶侃的母亲就卖掉长发，买来大米，剁碎草垫子作为马饲料，将儿子的朋友招待得很好。范逵十分感激，于是极力推荐陶侃为官，从此陶侃平步青云。

陶侃当太守之后，在行事方面，和母亲的风格很类似，善于利用小东西做大事情。他经常收集木屑，当时大家都不明所以，后来正月的时候地方群官聚集开会，遇上雪水融化，陶侃立即叫人拿出平时储备的木屑，铺在院子和厅堂里，将雪水吸得干干净净。

史上并无冼夫人教育子孙的记录，更没有留下家书等文字。但是，从冼夫人的言行，联系对比后代的言行，可以看出冼夫人家有一脉相传的家法、信仰和规矩。在可查的记载当中，冼夫人往往是通过行军打仗的大事来教育儿孙。例如儿子冯仆被欧阳纥扣押，冼夫人不顾其安危，继续进兵，这就是对儿辈们进行家国大义的教育，在战火纷飞的现场教育，比一般的口头教育、字面教育深刻得多。再例如孙子冯暄平叛时迟疑不进，贻误军机，冼夫人二话不说就拿下冯暄，替之以冯盎，这更是"大义灭亲"的现场教育，比写多少家书家训都管用。

冼夫人第二种教育方式，就是大晒特晒朝廷封赏，这里不再重复。虽然说是对亲人、族人的教育，但最重要的是教育冯家的子孙。

可以想象，在那些日子里，小小的冯盎看着金光闪闪的展览品，听着祖母的教诲，幼小的心灵里如同流过一道道清澈的泉水，如同照入一缕缕温暖的阳光，滋润着他的灵魂，若干年后，尤其在他祖母不在之后，祖母的灵魂，还会对他形成深刻的影响。

冼夫人去世约二十年后，冯盎控制了广州到海南的广大地盘，势力更胜于他祖母在的时候。而就在此时，冯盎面临着和祖母当年极其相似的局势：隋朝灭亡，唐朝建立。是归顺唐，还是拥兵自立？

冯盎的选择和祖母冼夫人的选择有着高度的相似性。

公元618年，唐朝建立。冯盎占据广州、苍梧、崖州一带，此时唐朝的势力尚未南下，情况和当年隋朝将要南下有点儿类似。于是，就有人撺掇冯盎自立为王："公克平五岭二十余州，岂与赵佗九郡相比？今请上南越王之号。"意思是，您现在拥有这么大的地盘，赵佗当年的势力范围远不如你，干脆自封为南越王吧。冯盎一听，立即反驳说："吾居南越，于兹五代……常恐弗克负荷，以坠先业。本州衣锦便足，余复何求？越王之号，非所闻也。"意思是我们冯家居岭南，已经五代了，享受很多，我经常担心承担不了这些荣誉，给祖上丢脸。本州的粗茶淡饭我觉得够了，我还求什么？南越王的称号，不是我想要的。

看看这个表态，听听这番话语，和其祖母冼夫人高度相似，而且似乎感觉到了冼夫人的能量在岭南的传输。

跟冼夫人一样，冯盎没有把岭南作为自己称王的资本，没有把它当成割裂的凭借，还是一心维护统一的天下格局。他屡屡提到自己家族在岭南多少代，提到不能使"先业"坠落，说明他此时应该是想起了当年祖母在院子里大晒朝廷赏赐时的情景。祖母的谆谆教诲，祖母的大义凛然，一直存留在冯盎的心间，并且演化成此时的坚决与忠笃。

冯盎在历史关键时期，就像当年祖母选择隋一样，选择了唐朝，选择了统一和安定。这充分证明了冼夫人的选择，对孙辈的选择有着决定性的影响。

公元 622 年，冯盎带岭南归顺唐朝。

冯盎不只是继承了祖母冼夫人的家国情怀、天下情怀，始终和大一统站在一起，同时，他也继承了祖母杰出的军事才能和政治才能。他不仅是岭南的才俊，也是当时天下的才俊。

公元 601 年，六月，潮州、成州等地的僚人（一为獠人）造反，冯盎前往京师报告情况，请求出兵征讨，隋朝的重臣杨素与冯盎一起讨论形势，在这次对话当中冯盎显示出极为高明的军事素养和政治素养，杨素对冯盎的才华极其赞赏，由衷地说："不意蛮夷中有如是人。"杨素是隋朝一等一的权臣和骨干，能得到他的首肯很不容易，可见冯盎素质非同一般。

冯盎也不只是在口头上表现才能而已，他是真的能打仗。隋朝命令冯盎率领江南、岭南的部队前往平乱，果然不久就平定了僚人之乱。冯盎拜为汉阳太守。

冯盎也极受隋炀帝和唐太宗的器重。隋炀帝征辽东，还带着冯盎，冯盎也因立战功而被拜为左武卫将军。

到唐太宗的时候，冯盎继续受重用，唐太宗亲自设宴款待他，委任其出兵讨伐叛乱的僚兵，当时唐军被阻，不能前行，冯盎慨然说："我射尽手中之箭，胜负必分。"于是连发七箭，连毙七人，敌人一哄而散。在初唐武将中，能够神射退敌的只有两个人，一个是大名鼎鼎的薛仁贵——"三箭定天山"，一个就是冯盎——"七箭退敌"。

从冼夫人到冯盎，其实冯家的地位已经有所改变，冼夫人是地方首脑，而冯盎已经是隋唐两朝都倚重的名将，北至辽东，南到百越，都有冯盎征战的足迹。

冯盎不仅忠于国家，神武英明，同时也继承了祖母善于治家、严于治家的基因。冯家到冯盎的时候，所能控制的地域更广阔了，方圆二千余里，奴婢逾万人，家财万贯，富贵滔天，但冯盎并不是躺在富贵家业上的花花公子，他同时具备经理人和会计的特长，能查看财务，审计资产，"盎善为治，阅簿最"，精明犹如其祖母。

从史书《新唐书》的记载来看，冯盎和其祖母还有一个共同点，那就是痛恨贪官污吏，不喜欢贪污受贿。当年冼夫人告发贪官赵讷，为岭南人民请命，冯盎也继承了这一优秀品质，嫉恶如仇，容不得任何侵蚀百姓的行为，经常揭发贪官污吏的不法行为，很得百姓拥护，"擿奸伏，得民欢心"。

冼夫人当年机智聪敏，在忽遇侯景之乱时，能够从容应付，稳住了岭南，保全了百姓，而她的曾孙冯智戴也有相似经历。冯智戴年轻时跟随隋炀帝身边，公元618年，隋炀帝被权臣宇文化及所杀，身边的大臣也纷纷被害，一时间血雨腥风。可能受曾祖母优秀基因影响，冯智戴居然能带着部下，跨越千山万水，一路上还突破各路乱军的阻挠，安然回到高凉郡，这生存技巧和组织才能，估计九泉之下的曾祖母得知了也会含笑。

　　所以说冼夫人是一位全方位无死角的人生赢家，其重要的标志就是生前身后都不被打脸。

　　她在世，对得起任何一个王朝，她守护好岭南一方，有利于天下一统，即使对注定灭亡的王朝，也保持应有的厚道，做好交接工作，有原则有温情。忠诚和顺势不矛盾，也就是在世不被打脸。

　　她不在世，子孙依然能传承她的优良传统，继续忠于一统大势，继续存抚岭南苍生，保一方平安，也为国御侮驱寇，甚至还成为朝廷重将，将老祖宗的事业向前推进一步，也就是说冼夫人的子孙没给她丢脸。一个人在世的辉煌不被打脸很重要，子孙不给其扯后腿也很重要。由此可见，冼夫人的家教是很成功的。

　　唐朝名相狄仁杰可谓百姓父母官，爱护百姓，治理有方，深受爱戴，但死后却有被打脸的尴尬。由于狄仁杰的儿子狄景晖贪污财物，刻薄百姓，结果百姓们将对狄仁杰儿子的不满发泄在狄仁杰的身上，将狄仁杰的生祠摧毁。可惜一代贤相，受不肖子孙所累，死后不得安宁。

　　冼夫人在历史关键时期所做的选择，深刻影响着在同样情境下孙子冯盎的选择，这就是最好的传承。长辈选择了什么，后辈就选择了什么。冼夫人选择了统一和平，冯

盎也照着选择，这样的选择不仅给岭南带来长久的和平，也给冯家带来兴旺。

你今日的选择，将来会被你后辈效仿，一定要谨慎！

我们活在俗世红尘，和冼夫人、冯宝一样，手中心中都有一部无字史书。那就是你的过往，或者你家庭、家族的过往，或者你所在地方、所在国度的过往。

　　有心之人，就可以自己当史官，把这些记录下来，从中提炼出精华，用于对未来的开拓。未来还是未来的时候，它已经隐藏在你的过往里，总结好了过去，就能应对好未来。

第八章

史学密码

南 粤 孤 臣 矢 一 心

这里要讲的这部史书,既不是《史记》,也不是《汉书》。

到底是一部怎样神秘的史书,助冼夫人照亮前行的道路,见识非凡,能在历史的浪潮中带领岭南,无往不胜?

中国古代重视修史,从西汉司马迁修纪传体通史《史记》开始,每一个王朝都会安排史官记载其走过的轨迹,等下一个王朝兴起时,就会把这些记载集中起来,修撰成一部史书,供后人借鉴和参照。《旧唐书·魏征传》曰:"以史为鉴,可知兴替。"《诗经·大雅·荡》曰"殷鉴不远,在夏后之世",这是商朝时候的说法,即夏朝灭亡的历史并不遥远,可以成为商朝的借鉴、商朝的镜子。"殷鉴"这一说法在古代就很流行。历史,就是一面镜子,照得见兴亡,照得见成败,更照得见兴亡成败的原因。

中国古代读书人更是重视读史,史书已经成了一个士大夫、官僚、皇族等必修的科目。尤其是从政的人，不知史书，简直就是摸黑赶路，终究会踩到坑里头，难以避免灭亡的命运。

如果古代官僚不精通历史，也会被人笑话，例如大名鼎鼎的宋代宰相寇准，有一次招待名士张咏，寇准很诚恳地向张咏请教："请问先生有什么教导我的？"张咏没有直接说，而是让他去读史书，去读《汉书》里的《霍光传》。寇准不明白意思，于是遵照张咏的意思去翻阅《霍光传》，发现《汉书》对西汉辅政大臣霍光的评价是"不学无术"，寇准结合自身的处境和地位，一下子明白了，不免怅然若失，自我解嘲地说："原来张老夫子是说我不学无术。"寇准虽然是科举出身，有真才实学，但阅读面不太广。而从这一事情可知，宋代士大夫之间想要暗示什么，可以用到史书。就寇准这一事情来说，因为史书上已经有你寇准的"前生"，霍光是个不向古人学习、不读史书的人，你寇准也是如此。史书让寇准有自知之明。

而在关于冼夫人的记载中，并未提到她精通史学，也并未提到她爱好哪一部史书，在她的那个年代，风靡天下的史书应该是《史记》《汉书》《后汉书》和《三国志》，后人称"前四史"。但并无记载证明冼夫人熟读过这四部史书，或其中的一部。

是不是世上还有一部神秘的史书，未经官方修撰，私自流传？

非也。

冼夫人谙熟的这部史书，是一部家族史，一部国家史，也是一部痛史。

这段历史，真实存在，但局限在北边一个角落，影响力不大，传播面也不广。

它当时应该还没有用文字书写下来，可能还是经过口授，而且只对冼夫人传授，冼夫人将这部历史置于自己的现实当中，进行推演，终有大获。

好的婚姻，双方能从彼此的经历中读到一部丰富而有益的历史。双方的家庭经历都可以成为彼此学习的课本。而提升冼夫人的，不只是夫家的文化背景，更有夫家的家世背景。

可以这么说，冯家的家族历史，有可能成了冼夫人日后应对复杂政治军事事件的活教科书。冯宝祖先的家族史，其实也是一部国家兴亡史。

公元 535 年左右，即梁朝大同初年，岭南喜气盈盈，天清气爽，喜鹊枝头叫喳喳，高山上云气祥和，冼家姑娘和冯家儿郎喜结连理。

或许是在洞房花烛夜，或许是在饮茶闲坐时，冯宝和夫人谈起了自己的家世。

冯宝的目光投向北方的天空，讲起悠悠往事。

那是一个跟岭南很远很远的世界，那是一个跟梁朝很远很远的时代。

冯宝说，冯家远祖是在长乐信都，永嘉之乱时避乱到上党，家族发展到冯安的时候，仕西燕为臣。至其子冯跋，仕后燕为臣（西燕、后燕为后世称呼，姑且用之）。

在这里普及一个历史知识，在我国的北方，曾经有过一段大分裂时期——十六国时期，实际上前后出现二十多个政权，其中以"燕"为国名的就有以下这些：前燕、后燕、北燕、南燕、西燕、东燕，建立的国家太多，取名时基本上连各个方向都照顾到了，除了上和下。除了北燕之外，燕国的国君都姓慕容，所以就不难理解《天龙八部》里的慕容复为什么那么心心念念着大燕国的复国大业了。

好，让冯宝继续讲述他的家族史。

冯宝说，自己的祖先冯跋当时为后燕的都督中外诸军事、征北大将军。正始三年（409 年），国中内乱，国主高云被杀，冯家祖上平乱，于是冯跋就被臣民推戴为天王，即北燕文成帝，改年号为太平。

讲到这里，冯宝的眼中充满了向往之色，似乎他已经身处于那个繁荣而太平的小国邦，看那里五谷丰登，牛羊成群，看那里人们富足，城市忙碌。其实，在十六国时期，有一些小国经营得还蛮幸福的。

冯宝说："我大燕文成帝为人谦和，持重寡言。他登基之后，爱护子民，轻徭薄赋，整顿吏治，尝下令国中每户农家皆得种植桑树一百株，全力耘田者有重赏，若有人违令伤农，将有重罚。小小一国，如许寡民，居然也一时兴盛，国泰民安，成为北方的一片乐土。"

冯宝愈讲愈神往，久久回味不已，一时停了讲述，脸上神色，首先是羡慕，过了一会儿，又陷入深深的怅惘。

冼夫人亦是听得出神，她看着夫君的脸，也如同跨越时空，随之前往，也看到一百多年前遥远北方的那个幸福国度，粮足民安，境内晏然，何人不羡，何人不赞？

然而，冼夫人忽然想起一事，不由得皱眉，问道："大燕虽是安宁之邦，冯郎亦曾与我说过，但北方国都林立，而冯家之燕国，不过蕞尔之地，周边应该是大国环伺，若想长久太平，恐非易事。"

冯宝一听，黯然神伤，叹息道："夫人所言甚是，大燕之患，在于自身太弱，在于诸强环伺，有若春秋时代的郑国，夹在大国当中，不是晋国勒索，就是楚国威胁，朝夕惴惴，焉能安居。"

接下来，冯宝又说起祖上一段惊心动魄的往事："大燕文成帝于太平二十二年（430年）驾崩，几番周折，其弟冯弘登基，改元大兴，是为昭成帝。呜呼，想我大燕，在契丹、柔然环绕之中，本已是小心翼翼，但此等尚不足为大患。大患者，乃拓跋氏之魏也。我大燕大兴二年，拓跋焘亲率大军压境。"

冼夫人一听，担心地说："拓跋魏国乃北方第一强，此番来征，燕国恐怕凶多吉少。"

冯宝点头道："诚然，强邻兵锋一起，我大燕焉能抵挡，一看到拓跋焘的旗帜，当时就有十个郡转身投敌，还掳走我境内三万余户。虽然彼国主拓跋焘后来引军西还，但我大燕元气大伤，自君至臣，无不朝夕恐惧。思来想去，还是议和为上。"

冼夫人道："议和恐怕不能，拓跋焘志在必得。"

冯宝说："夫人所言极是，我大燕遣使者前往请和，彼太武帝拓跋焘拒绝。又一年，大燕再派使臣请罪，且愿结亲，以其小女儿为太武帝妃嫔。拓跋焘应允。"

冼夫人松了口气，但又说："条件恐非只此而已。"

冯宝来了个转折："然而——"

冼夫人又紧张起来："然而如何？"

冯宝忧心忡忡地说着，似乎他此刻正身在北燕，他说："然而，拓跋焘再列一条，须得昭成帝太子入侍方肯赐我大燕太平。昭成帝说，是可忍也孰不可忍也。于是不允。"

冼夫人道："此举虽可理解，然非上策也。"

冯宝道："当时散骑常侍刘训苦苦劝谏，说我大燕非彼拓跋之敌，国力之悬殊，甚于三国时东吴、蜀汉与曹魏之对比，东吴、蜀汉尚且国灭，何况我区区一燕乎？今若能以太子为质，取信于拓跋焘，使其无进兵之口实，然后埋头勠力生产，苦苦经营，或可侥幸恢复国力，立于不败之地，延长国祚。"

冼夫人点头："也只能如此了。"

冯宝说："可恨可恨，昭成帝不听良言，杀刘训。此时，拓跋丕又大兵来侵，朝野惊惧，上下不安，大臣们又劝昭成帝请罪，且派遣太子为人质，可惜可惜，昭成帝一律不听，居然出一下策。"

冼夫人问："是何下策？"

冯宝答道："昭成帝一意孤行，要逃往东边的高句丽，大臣们都道彼高句丽与我大燕并非睦邻，其心意深不可测，若是此番前往，恐是吉凶不测。"

冼夫人道："昭成帝虽然出此下策，也是迫不得已，他若是以太子为人质，也未必能转祸为福，保全境内。拓跋氏吞并之心已经不可逆转，请罪再诚心再惶恐也是于事无补。"

冯宝叹息："小国处于大国威逼之下，也是无奈，天也，命也。我昭成帝携家带口，到了高句丽，原以为能在他国苟且偷安一时，未曾料得高句丽没把他当回事，称昭成帝为'龙城王'，不以皇帝礼节相待，甚至最后家属子孙十余口，亦皆被杀。"

讲述至此，夫妻久久无言。

北燕的历史虽然已经过去百余年，但其沉重似乎毫无减轻，闷闷地压在其子孙的肩头和心头。

岭南夜深，灭灯静坐，草间百虫已寂，清月在岭，华光照入庭院。

高凉城中，灯火已暗。

良久，冼夫人问起冯氏子孙下落："郎君这一支是如何到得高凉的？"

冯宝道："大燕虽灭，但皇室倒未曾断绝，有一支还是归顺了拓跋皇室，其文明皇后即我大燕昭成皇帝孙女。还有一支三百余人，由我先祖冯业带头，于宋元嘉十四年（437

年）登舟避难，浮海南下，越过万里波涛，终于至此。彼时刘宋皇室亦优待我祖先，安置于此，嗟乎，尔来一百余岁矣。"

往事悠悠，微茫难求，至今思来，心潮起伏。

冯家往事，其实就是一部小王朝、小地方的兴替盛衰史，于冼夫人而言，更是一部历史教科书。

冯宝夫妇就这段历史反复回味、思索，期待从中寻找到可资借鉴的经验教训。

冼夫人对冯宝说："我们高凉百越，亦是偏居一隅，地狭人稀，恰如当年夫君祖上大燕朝廷一般，现如今于大梁为臣，然天朝也不时前来征伐，屡有烽火，屡有死伤。"

于是，冼夫人也谈起自己家族的血泪史："大通三年（529 年），朝廷下旨誓要讨平俚洞，命孙冏、卢子雄率大军前来征讨，此二人极为狡黠，出兵之前，诱我各部首领前往听会，结果聚而害之。"

说到此处，冼夫人泣不成声，冯宝以巾助其拭泪。

"我父我叔，皆死于是，尔后，大军压境而来，一路扫荡荼毒，陈尸无数。彼时梁强我弱，我们正面拒敌不得，于是我令各洞撤离居处，进入深林，不与之战。岭表（古代称岭南）山高林密，梁军又惧瘴气，我则乘虚而击之，敌若进，我则退守；敌若退，我则袭扰。拒战七载，官兵进不能攻，退又无所据守，所用匮乏，将士日疲，士气日削。圣意方悔鲁莽，于是改剿为抚，休战议和，我兄亦拜为南梁州刺史。"

冯宝夫妇四目相对，携手对坐，两家的历史格外沉重，呼吸间似乎能听到先辈呼号，看到风起云卷。

冯宝说："夫人，我们坐镇蕞尔之境，力不足以抗天朝，但我们能做到的是，安抚百姓，富庶民力，安宁一方。周朝先祖公亶父，开发豳地，惨淡经营，正是上下欢喜之际，戎狄却时时来侵扰，索要财宝，公亶父不胜其烦，宣告说，既然戎狄垂涎此地，于父老为患，何不我自离去，豳地未必要以我为主。于是跨越梁山，来到岐山，择地再居。豳地的百姓闻说后，都说，公亶父是仁人，我们不可离开他。于是纷纷跟随而来，来到岐山。子孙当中终于有了周文王周武王这样的圣贤，大兴于天下。我们不说大兴于天下，至少能保宁于一方，安居于一境。"

冼夫人道："夫君所言极是，我们夫妇于内当安养各洞百姓，大施仁政，结信义于本乡，诸部之间，和好如一人，则外无侮，内无乱，可保地方长久无虞。"

于是，冯宝、冼英夫妇携手治理高凉，吸取前人经验教训，结合地方土宜，休养生息，号令畅通，一时间民风淳朴，境内称治。

封建时代的婚姻，不只是两个人的结合，也是两个家庭，甚至两个家族的结合，善于经营的人，就能够把各自家庭家族的历史整理一遍，思考一番，总结双方经验，吸取双方教训，为经营一个新的天地，提供示范和动力。

冼夫人深深明白，与自己结合的，是儒家的诗书礼仪，也是北方一个王朝的历史。善于思考借鉴的她，大概反复地推演过冯家祖先、北燕末帝冯弘的遭遇：假如她身在冯弘这个位置上，面对北魏太武帝的威逼，她该怎么办？是死扛到底，还是灵活周旋？是放弃政权归顺为臣，还是带着家眷远遁他国？

不知有多少个夜晚，冼夫人和夫君冯宝为这件已经过去一百多年的往事进行了复盘，推翻一个又一个方案，重设一个又一个对策。

他们的担心和预演并非杞人忧天，事实证明，在漫长的封建社会，历史总会重写，意外总会发生，尤其是军事上的意外，王朝更迭上的意外。就在他们婚后不到二十年，南方大地烽烟再起，生灵再遭涂炭，一支叛军搅翻半个中国，而这股叛军力量并非远离岭南，时局的突变也向岭南的汉、俚各族发来了一份试卷，高凉郡以及百越该如何答卷，冼夫人和冯宝准备好了吗?

在卷入云谲波诡的历史大事件之前,冯宝夫妇应该已经根据冯家祖先北燕皇族的历史,对自己部落的命运,做了恰当的定位,找准了发展的方向,以及对航道上会出现哪些险滩暗礁,做了预估。

原来,冼夫人所读的神秘史书,就是北燕皇家的历史,应该是他的夫君口授给她的。

后来发生的一些事情,和北燕的历史有一定的相似性,冼夫人的处理方法显然比冯家的祖先昭成帝冯弘的处理方法要高明一点。那就是在南陈王朝建立以后,当时冯宝已经去世,岭南和建康城之间,互信度还有很大提升空间之时,冼夫人毅然做了一个决定,将自己才9岁的独子冯仆,交由各部首领酋长们带着,前往南陈王朝表示忠心。

在做这个决定的时候,冼夫人脑海里估计闪过了冯宝给她描述的那一段北燕历史,即北燕被北魏要挟送太子为人质的那一段。送人质未必有效,但为了岭南,冼夫人做出了这个令每位母亲都忐忑不安的决定。后来,冯仆在丹阳见到陈武帝陈霸先,被封为阳春太守。皆大欢喜。

北方一个神秘小国的历史,成了冼夫人压箱底的活历史

教科书。无论古今，为人处世，都要熟悉一部真实的历史教科书，知兴替，明成败。史书未必只有印刷出来的，他人的历史，也能成为你的史书。善于总结前人经验，也相当于在读史。

人活在当下，看重的是未来，要放下的是过往。但又不能忘记过往，在过往里，有我们的镜子，有我们以后可能会踩的坑，前人在用血泪呼唤：前方危险。我们不能熟视无睹又踩一遍。司马迁在总结项羽的失败教训时，也说过"奋其私智而不师古"，发挥自己的小聪明，而不向古人学习，不借鉴前人失败的教训，自己踩了坑也是必然的了。一句话，就是痛惜项羽不学历史。

冯家的历史，是冼夫人参考的一部重要史书，而冼夫人后来也成了一部"史书"，后来人又是怎样解读冼夫人这部史书的呢？除了《北史》《隋书》和《资治通鉴》这些权威史书的记录，后世的豪杰和诗人也对冼夫人的一生行迹进行了解读和评点。

言为心声，歌以咏怀，诗以明志，了解古代人物，除了通过史书所记录的来了解外，还可以通过这些人物的文字，例如文章、奏议、诗歌、辞赋等来了解，或者其他人对此人的记录评价来了解。例如曹操、曹丕、曹植，这三人除了《三国志》中有记录，他们还留下一定数量的诗歌文章，表现了他们的心声。曹操的《述志令》，又名《让县自明本志令》，曹操袒露了自己从少年读书时候以来的心路历程，例如少年时候的彷徨，"以为强豪所忿，恐致家祸，故以病还"，年轻时因为血气方刚，富有正义感，得罪了权贵，吓得请病假回家；"设使国家无有孤，不知当几人称帝，几人称王！或者人见孤强盛，又性不信天命之事，恐私心相评，言有不逊之志"，以天下为怀抱，以平乱为己任，但是又担心私下里的舆论会误解他、抨击他，这种踌躇满志但又小心翼翼的矛盾心情，跃然纸上。曹操大半生的心路，此文基本揭晓。

还有诸葛亮，他的事迹很详细，从三顾茅庐到六出祁山，都被仔仔细细记录在《三国志》上，同时，他的心迹也在《前出师表》《后出师表》两篇文章里表露无遗，诸如"受命以来，夙夜忧叹，恐托付不效""鞠躬尽瘁死而后已"，两朝老臣的心路，热烫烫地呈现在眼前。

冼夫人的事迹其实和曹操、诸葛亮都有点儿类似。威震岭南，平息纷争，使得那些妄想割据称王的人迷梦破碎，这点类似于曹操；在丈夫冯宝去世后，精心打理南越，培养冯家后裔，不负信任之情，使岭南上下晏然，内外安宁，这点又类似于诸葛亮。

然而，可惜的是，冼夫人没有留下文集、诗集，或者上书朝廷的奏表，能展示其心迹的主要是这几句：根据《北史》记载"我为忠贞，经今两代，不能惜汝负国"，我忠贞为国，至今已经历两代人，不能因为怜惜你就辜负国家，凛然之气，大义之气，跃然纸上，千古而来振人心田，励人志气；"汝等宜尽赤心向天子。我事三代主，唯用一好心。今赐物俱存，此忠孝之报"，你们要全心全意效忠于天子，我效力于三代天子，唯一用的就是一片好心。现在历代皇帝赐给我的东西都还在，这就是忠孝带来的好报。

除此之外，就没有其他文字资料可分析了。

但是，冼夫人之后，历代都有诗人赞美褒扬冼夫人，我们不妨从这些诗歌的字里行间去看看冼夫人的心迹、世人对她的评价。

谁知我用意：守土传三代，中朝孰见疑

首先说说苏轼。公元 1097 年，已经六十二岁的苏轼贬居儋州，他前去参观了冼夫人庙，此时可能已经陈旧古老，碑文斑驳脱落，苏大学士感慨不已，于是提笔写下《冼庙》，

这可能是古代第一首纪念冼夫人的诗：

> 冯冼古烈妇，翁媪国于兹。
>
> 策勋梁武后，开府隋文时。
>
> 三世更险易，一心无磷缁。
>
> 锦伞平积乱，犀渠破群疑。
>
> 庙貌空复存，碑版漫无辞。
>
> 我欲作铭志，慰此父老思。
>
> 遗民不可问，偻句莫余欺。
>
> 馕牲菌鸡卜，我当一访之。
>
> 铜鼓葫芦笙，歌此送迎诗。

　　冼夫人是六世纪到七世纪的人物，与苏轼已经相隔四百多年，所以称一声"古烈妇"恰如其分。冼夫人一生功业，苏轼笔下两句工整的诗一笔带过，"策勋梁武后，开府隋文时"，在梁武帝之后因为平叛有功，开始受到朝廷表彰，而在隋文帝的时候，隋朝还特许冼夫人可以在岭南设置幕府，聘用官员。如果只是如此平平地叙事，倒也如同客套，不能表现冼夫人的内心世界和灵魂深处，接下来的一句就很到位了，此句曰"三世更险易，一心无磷缁"，经历了三代政权的更替，即南梁、南陈、隋朝三朝，但冼夫人的心，既没有"磨薄"，也没有"染黑"，一点儿瑕疵都没有。这正好印证了冼夫人自己说的"尽赤心于天子"，一片赤心对天子，其实说的是一片赤心对天下，对岭南，对苍生。没有"磷缁"的心灵，就是赤心，就是对天下的忠心。

正因为是赤心之人，光明正大，所以遇到大事情不会犹豫，在公与私之间，在利与义之间，是不会有任何迟疑的。用儒家的话来验证，即如孟子所说："大人者，不失其赤子之心者也。"所谓大人，不是高官大贾，不是有权有势之人，而是保持一颗赤子之心正大光明之人，也就是苏轼赞许的"一心无磷缁"之人。诗人的笔触是细腻的，曲尽其微，反而能进入历史人物真实的内心世界。

冼夫人在朝代更换之际，如果心里有一点儿"磷缁"，就根本不能带着岭南度过那些个关键的坎。苏轼，可谓冼夫人的异代知己。

苏轼从"心"的角度来咏叹冼夫人，其他诗人呢？

明代官员王宾的诗作《冼庙》，也是从与苏轼相似的角度赞美了冼夫人：

> 夫人功盖世，史册示来兹。
>
> 岭海蛮荒地，奸雄草窃时。
>
> 寸丹诚可表，精白信难缁。
>
> 守土传三代，中朝孰见疑。

　　大意是，冼夫人功高盖世，史书上已经记载，并且向后人展示，冼夫人夫妇坐镇在岭南临海这样的蛮荒之地，而奸雄一类的分裂势力窃权篡位，面对如此局面，冼夫人的一片丹心可表天地，纯洁爱国之心确实难以被污染和改变。和苏轼如出一辙，王宾又提到了冼夫人的心，"寸丹诚可表，精白信难缁"，一片丹心，令人想到了文天祥的"留取丹心照汗青"。守住岭南之地，传承三代，中土朝廷谁会猜疑呢？

　　这首诗也抓住关键一点"心"。"寸丹"就是"寸心"，冼夫人镇守岭南几十年，而且能传三代，凭的就是这颗无私之心。心中无杂虑，难以被私利污染，"难缁"，坦坦荡荡，所以面临国家大事就不会后退彷徨，为公而已，坦然前行。

　　沧海横流之际，朝代鼎革之时，问冼夫人的用心，有谁能知？宋代的苏轼能知，明朝的王宾能知，还有清朝的诗人也能知，例如李承恩的《恭谒冼夫人庙》，也提到了冼夫人的心：

> 我来高凉郡，瞻仰奇女子。
>
> 诚敬太夫人，谥法传冼氏。
>
> 夫与子孙曾，世世永恩旨。
>
> 胸藏百万兵，韬略三朝恃。

巾帼有虎臣，明良多善起。

荡寇与除奸，所向尽披靡。

剑戟争日光，丹心横秋水。

保障岭东南，赣亦膺福祉。

娘子军称雄，梁陈隋共美。

纲目笔三书，勋绩垂青史。

犀杖传天诏，绣幰胜罗绮。

拜物重君恩，肝胆同山峙。

当时有须眉，圣武孰可比。

臣节著千秋，威严人仰止。

在昔为砥柱，于今福锦里。

奇哉忠女师，馨香隆庙祀。

诗中提到冼夫人的丰功伟绩，基本上是重复史书所言，赞扬冼夫人有运兵之才，"胸藏百万兵"，并且战功卓越，百战百胜，屡挫敌胆，"荡寇与除奸，所向尽披靡"，这位英雄的女子起到了保卫岭南、拥戴一统的历史作用。"保障岭东南，赣亦膺福祉"，甚至连江西一带都蒙她的福，然后定义其军队为娘子军，在数十年的时间里经历梁、陈、隋三代，建功甚美，褒奖甚美，传为美谈，"娘子军称雄，梁陈隋共美"。

"剑戟争日光，丹心横秋水"，冼夫人舞刀弄戟、平乱克敌的战功可与红日争光，更令人钦佩的是，她忠于岭南，忠于天下的"丹心"，如同秋水一般明洁高冷。这再一次让人想起文天祥的"留取丹心照汗青"。

明朝的吴国伦也有一句类似的诗"传檄无二心"，发布军令之际，毫无二心。

清朝还有一位诗人也注意到了冼夫人的"心"，那是黄乔桂，且看他的《题高凉山冼夫人庙》（其二）：

> 半壁江山不受侵，阖门忠义允堪钦。
>
> 中原真主经三姓，南粤孤臣矢一心。
>
> 绣幰遥颁惊宠至，铁衣安抚报恩深。
>
> 巍巍古庙灵旗卷，享祀千秋仰德歆。

冼夫人力撑半壁江山不受侵凌，满门忠义之气确实值得尊敬。尽管中央朝廷连续两次更替，但冼夫人身在南粤的孤臣不二之心，永远都坚持不坠。此处的"心"其实更接近冼夫人的真实用心，更贴近冼夫人的灵魂世界。我们看，苏轼的"一心无磷缁"，可想见冼夫人赤心之纯粹；"寸丹诚可表"，可推测冼夫人用心之坦荡；"丹心横秋水"，可体会冼夫人忠心之肃穆，犹如天高气清，凛凛令人起敬。而黄乔桂笔下的冼夫人之"心"，有更多悲凉，有更多沧桑，也更为孤高。想它中原大地，想它金陵江东，兵戈不断，易朝频频，民生涂炭，徒呼奈何。冼夫人以孤臣无助之力，在大风大浪之中，护住岭南这条孤舟，寻找前方的路途，历经凶滩，蹚过旋涡，苦苦支撑，又咬牙前行。一句"南粤孤臣矢志一心"，道出了冼夫人的孤单、坚强、苍凉和悲壮。尤其是一个"孤"字，似乎可以让人看到在风浪中独自掌舵扬帆的形象，令人钦佩，亦令人嗟叹，为之慷慨不能平。

冼夫人一心为岭南，一心为天下，一心为中华，此心丹心，此心可表。

她不仅有心，而且有能，是女中豪杰，是用兵高人，她的地位在历史上，谁可比拟？明末清初的抗清义士屈大均也是岭南人，对这位同乡前辈，心怀钦敬之外，又作何定位？

屈大均有《冼夫人》诗二首：

（一）

苦忆英雄娘子军，女中勋业似桓文。

南朝事去余犀杖，泪洒炎天万里云。

（二）

三朝绣幰自天来，百战金戈向日开。

保障谁如女刺史，功名能冠越王台。

　　第一首诗讲到了冼夫人对南陈王朝的忠心，南朝大势已去，只留下当初的信物，冼夫人家族为之洒泪恸哭，感怀之情悠悠如天上万里白云。至于梁、陈、隋三朝给予的荣耀，至于历经百战的艰苦，都已经熟悉，而冼夫人所立功业，在史上是何等地位呢？可以和何等人物相比呢？

　　屈大均给这位前辈很高的评价，"女中勋业似桓文"，说冼夫人在巾帼英雄中的地位就相当于春秋时代的齐桓公、晋文公。这个评价级别之高，可谓空前。要知道，连三国名相诸葛亮都只是自比管仲、乐毅，管仲是齐桓公之臣，乐毅是燕昭王之将，而冼夫人则被比拟成齐桓公、晋文公，似乎是放在诸葛亮之上。

　　那么，冼夫人与齐桓公、晋文公这样的春秋霸主有何可比性呢？这种联想恰当吗？齐桓公是春秋五霸中第一个公认的霸主，他最大的功劳是尊王攘夷，九合诸侯，在周王室式微的时候，他为之重新树立威信，扫除周王室的外患，同时举行葵丘会盟，屡次为天下的诸侯重新建立游戏规则。齐桓公就是当时周天下的压舱石、风向标。冼夫人据守岭南一地，其力量虽然不可和齐桓公当年相比，但是，冼夫人在中央王朝最危难的时候，能奋不顾身站出来，平定一方之难，削平叛乱，为天下安宁，或为天下一统，提供分量不低的支持，这就如同齐桓公的尊王攘夷。她大胆北上，亲自和未来的南朝皇帝陈霸先会师，其实就已经是为各方势力做示范、做表率，亦有齐桓公九合诸侯之风范。

冼夫人之于齐桓公，势力大小虽有差别，但风范气魄仿佛。

晋文公亦是春秋五霸之一，那时周惠王之子王子带（甘昭公）勾结外寇攻打周襄王，迫使周襄王逃亡，晋文公携秦国、齐国，率师平乱，击溃王子带，助周襄王回到京城，重振周朝乾纲。冼夫人在梁朝内乱、陈朝逢变之际，率师击败叛兵，为南朝重趋稳定立下汗马功劳。尤其是侯景之乱，其动荡破坏程度，远大于周朝子带之乱，冼夫人能够稳住岭南阵脚，同时助力朝廷，其功勋和晋文公平定王子带之乱，亦是大有共同之处。

冼夫人之力、之功、之影响度，虽然不可和齐桓公、晋文公等量，但其用心，可无愧。

既然冼夫人可与春秋霸主相较，那么，和其他人物相比较呢？屈大均如此而论"保障谁如女刺史，功名能冠越王台"，保障一方安宁，呵护一方苍生，谁能像冼夫人这样呢？冼夫人的功名，应该盖过了南越王赵佗。赵佗也是一时豪杰，但屈大均认为冼夫人的功名在他之上。为什么呢？赵佗当年坐镇南越，事在秦朝，中原局势不明，赵佗因此多有拥兵自重、隔岭观望之意，甚至还两度戴皇冠，称帝号，经过陆贾两度游说，以及汉文帝亲笔书信才放下帝号，这和冼夫人不以岭南自重、任何时候都尊奉中央王朝完全不在一个境界。虽然赵佗的时代和冼夫人的时代有区别，二人的行为不可脱离时代局限性而同论，但屈大均认为冼夫人的忠顺之心、勤王之志，还是高于赵佗的。

冼夫人的功业，在屈大均笔下，直追齐桓晋文，而其军事才能，其他诗人们又是如何评价的呢？明朝吴国伦这样写：

> 蕞尔高凉墟，诸夷集胞络。
>
> 何哉一蛮妃，将兵如卫霍。
>
> 相传百战功，不负三朝托。
>
> 天风鸣海涛，犹疑鼓吹作。

小小的高凉郡守，在诸部落之间，居然有一个女子，带兵打仗却如同西汉的卫青、霍去病。妇人百战有功，不负梁、陈、隋三朝的嘱托和信任。如今大海上风吹波涛，还似乎是冼夫人当年的鼓吹在响。冼夫人助国有功，朝廷赏赐她鼓吹一部。此诗将冼夫人比作西汉名将卫青、霍去病，二人是西汉对匈奴作战由守转攻的关键人物，从他们开始，终于开始横扫式的打击匈奴，特别是霍去病，深入千里大漠，活擒名王，封狼居胥。冼夫人的作战规模和卫青、霍去病比，并不在一个档次，但冼夫人深入敌人老巢，与霍去病奔袭大漠直取单于大帐有异曲同工之妙，战役不一样，但用兵谋略类似。

吴国伦还有一首诗，这样点评冼夫人：

将号万人敌，兼长古所难。

高州女刺史，奋颜何桓桓。

一代叛臣谋，反侧旋自安。

十人故有妇，岂必皆巍冠。

这里有两处给冼夫人定位，一句是"将号万人敌"，一句是"十人故有妇"。所谓"万人敌"，本意是指兵法，项羽要学"万人敌"，就是指兵法，后来又用来形容猛将，《三国志》里就将蜀汉的关羽、张飞定位为"万人敌"。吴国伦这句就是将冼夫人放在勇猛战将的位置上。后面这句则是将冼夫人定位为一代贤臣，地位更高。所谓的"十人"，就是指周武王有十大治国能臣，包括民间家喻户晓的姜太公、在史上地位很高的周公，而其中唯一的女性叫文母。将冼夫人提到这个位置，过不过分呢？在南梁王朝混乱之际，京师沦陷，民生涂炭，在这个时候，大量的地方将领，甚至包括梁武帝的子侄，不仅坐拥重兵观望，甚至互相攻击，坐视社稷崩溃而不顾。此时真的能起兵救难的大人物还不到十人，陈霸先、王僧辩算两个，至于女性，绝对只有冼夫人一人，将冼夫人比作周武王十大贤臣之一，真不过分。

冼夫人在历史上不算是全国性人物，但她是岭南巾帼，对天下政局有影响，也有人从这个角度来为其定位，清朝谭敬昭，与张维屏、王培芳并称"粤中三子"，又是"粤东七子"之一，其有诗《冼夫人歌》，这样评价冼夫人："后来惟有吴越王，钱氏忠孝追后尘。"他认为与冼夫人相似的，只有五代时期的吴越王钱俶。吴越王国是五代十国时期在浙江的一个小国，由钱镠开创，到最后归顺北宋，舍小邦为天下，治理地方时能使人民安居乐业，归顺时又有助于天下一统，一切都处理得很自然，能顺应历史潮流。这种情况类似于冼夫人带岭南归顺隋朝，有利于大局，有利于一统，谭敬昭以后来的吴越王比冼夫人，还是比较恰当的，只是论勇武果敢，吴越王远远逊色于冼夫人。

至于把冼夫人和一些诗歌传说中的巾帼英雄相比，又如何？穆桂英是纯粹的传说人物，不足比，但北魏时期的花木兰，应该是有一定原型的，和冼夫人相比，孰高孰低呢？清朝黄乔桂的诗《题高凉山冼夫人庙》（其一）如此对比：

> 巾帼韬钤罕擅名，海南郡母铁中铮。
>
> 军称娘子惊飞将，国倚夫人胜筑城。

四德浑全功莫大，三从恪守义专行。

木兰代父无奇策，怎比高凉乱削平。

诗中尾联说，古今盛名的花木兰其实也只是替父从军，成为一名普通士兵，并无赫赫战功，无法和削平高凉叛乱的冼夫人相比。花木兰是北朝时期诗歌里的形象，在史上有可能存在其原型，她的惊人之处在于以女性冒充男性，代替父亲出征，至于统率大军，克敌制胜，则不可与冼夫人相提并论。这里并非贬低花木兰，而是与冼夫人作一个区分，强调她是一名优秀的军事指挥将领，在军事领域有着重要的地位。

从选取的几首古人歌颂、点评冼夫人的诗歌来看，在文人士大夫的心目中，冼夫人的政治影响力可以媲美周公、姜尚、齐桓公、晋文公，冼夫人的威猛善战可以媲美关羽、张飞，军事才能可以直追卫青、霍去病，而其为国之心，神圣高尚，日月可昭，称得上"丹心"。这些人的评价也代表了古代人们对冼夫人的真实看法：善战，能干，忠诚。几乎也就是对郭子仪、李光弼、岳飞等人物的看法。冼夫人就是人们心中的良将。

从诗歌中可以看出，古人认为圣贤的标志就是，有能力，有操守，且忠诚。冼夫人处在一个比较偏僻的地理环境中，但终究能和历代圣贤并肩，怎能不算一种逆袭呢？其实，未必做圣贤要如此，凡人在世，不求建立大功名，但可以要求自己同样有能力，有操守，且忠诚，周公姜尚可以，齐桓晋文可以，冼夫人可以，我们也可以。

冼夫人生平事略

冼夫人者，广东高凉人也，家族世代为南越首领，拥有部族十万余户，而冼家为百越之大族。冼夫人后世相传其名冼英，父亲叫冼企圣，有兄长曰冼挺。

冼夫人身长七尺，容貌端庄而具有威严，自幼即有头领之风范。能和睦诸部落，劝谕族人向善，以礼仪相约束，同时又长于组织管理，能以纪律约束各部，各部皆敬畏之。冼夫人执法极为严明，法令面前人人平等，毫无私情可言，即使是自己亲属，如果犯下律令，绝不纵容姑息。因此，冼夫人所部纪律严明，战斗力也极强。

冼夫人的兄长冼挺，好抢夺劫掠其他部落，岭南一带百姓深受其苦，冼夫人则百般晓谕其兄，对其掳掠行为进行劝阻，冼挺因之大为收敛。

岭南粤西一带太平安宁，冼夫人德政播于四方，于是远近皆来归附，乃至于有海峡之隔的海南岛黎族诸部落，也闻名前来，事冼夫人为主，一时归来者，有千余洞。此于冼夫人之前之岭南史上，实为未有之盛况。冼夫人能德化远近，可谓修身齐家而感召八方。

设妙计奇袭李迁仕，会大军能识陈武帝

冼夫人用兵之妙，年少时即有所显。当时岭南臣服于南梁王朝，梁武帝对百越起初实施武力弹压政策，公元529年，梁武帝下诏"讨平俚洞"，派孙冏、卢子雄率大军攻打岭表，诱杀冼夫人父亲等人。此时的冼夫人即深谙兵法，不与强敌正面交锋，而是利用岭南复杂的山地、茂密的森林以及炎热气候，将军队化整为零，在山林溪谷间和官兵进行周旋，使南梁朝廷的征讨整整七年无功。于是梁武帝改剿为抚，冼夫人也率领百越归顺梁朝。

凤凰配真龙，公主配王子。在岭南一带的官员冯融，乃当年北燕王朝皇室之后，儒雅敦厚，富有学问，为罗州刺史，甚有名望。然苦于土俗不和，号令难达，听闻冼夫人贤能淑惠，远近顺服，于是为自己的儿子冯宝提亲，冯宝当时为高凉太守。

冯宝亦是才子，年少时曾求学南梁都城建康，为国家太学生，以学业优异选拔为官员。冯、冼配诚为汉族才子配

俚家巾帼英雄。

冼夫人本是一方贤能，女中豪杰，自与冯宝婚配，其平台则更上一层，从此大鹏凭风起，翱翔于九天之上，于地方施善政，于青史留美名。

梁武帝太清二年，即公元548年，江南大地烽烟突起，军阀侯景狼子野心，发八千叛兵自寿阳出发，席卷千里，无人可挡，一时直奔梁朝国都建康，正是各路兵马迁延观望之际，贼寇已突破皇宫台城，困杀梁武帝。

岭南此时，何去何从？时局之混乱迷离，于冼夫人夫妇，实为前所未有之大考验。高州刺史李迁仕心怀不轨，梁朝下诏书令其北上勤王，李迁仕却推脱有病，一面看似于城中不动，却暗地里打造兵器，聚集人马，欲为不轨；一面假意派遣部将杜平虏率兵北上，托名勤王，实欲与贼寇会合，置岭南于不义。

李迁仕自知兵力不足，乃觊觎冯宝夫妇手中人马，遂遣人谓冯宝曰："吾欲北上，君可前来与某共商北上大计。"

冯宝接待使者之后，冼夫人曰："李迁仕此举必为诈，彼逡巡城中不勠力勤王，却冶炼兵器，暗集人马，必有反心，夫君切不可前往，前往必为其所陷。"

冯宝曰："奈何？"

冼夫人曰："今不可打草惊蛇，但当含糊以应对，假意日：'刺史大人之计甚合我意，本欲与刺史同商大计，然恐一时泄露行踪，故先遣夫人冼氏前来，且附薄礼若干，以聊表寸心，望刺史笑纳。'"

于是，冼夫人乃遣千余军士，皆荷担，暗藏兵刃，前往李迁仕处。李迁仕既得信，以为冯宝不过斯文懦弱之儒生，且冼夫人又不过妇人之辈，故不以为意，安卧城中，饮酒作乐，等送礼之列前来。

冼夫人率人既至李迁仕处，众军远远望见，皆雀跃日"冯太守夫人送礼至矣"，正指点间，冼夫人忽然大喝一声"动手"，说时迟那时快，冼夫人持兵刃奋起，冲杀在前，部下亦掀起担子上的遮盖，从中抽取刀枪弓弩，一声喊，砍断栅栏，群涌而入。时天色已暮，敌我难分，且李迁仕部未有防备，刀不在手，枪犹在库，杜平虏部又已出发赴北，兵力空虚，故一时如山崩，众人不及格斗，多抱头而窜。李迁仕由麾下死死护住，骑马而逃。

冼夫人首次出兵，即告大捷。然驱李迁仕之后，并无喜色，反有忧容。

冯宝问："夫人妙计破敌，何以大功告成，反有忧色？"冼夫人日："李迁仕者，不过地方一贼，此易与也。今梁朝山河破碎，国都沦丧，我岭表不知何去何从，今日当趁此北上，与天朝兵马相会，以窥彼用意，以安我岭表。"

灭贼尚未喘息，洗夫人旋即纵马率师北上，度大庚岭，入今日江西地界，至于南康赣石。此处河滩险急，巨石林立，杜平虏置重兵于此处。洗夫人兵马既至，南梁西江督护陈霸先引兵而来，与李迁仕兵战，大胜。洗夫人遂与陈霸先会师。

陈霸先乃与洗夫人言江东大势、贼寇侯景之前事。陈霸先身长七尺五寸，气象威猛，又长于兵法，倾谈之际，洗夫人深为折服。洗夫人亦为颀长之人，英武倜傥，陈霸先亦佩服有加，曰："君有杀伐之气魄，取胜之才智，今后岭表方面，托付与君。"

洗夫人既大胜班师，谓夫君冯宝道："吾北上会晤陈都督，观其为人，甚得众心，将来一定能平定反贼侯景，夫君当要深为结纳，若此，则为我岭南百越之福。"而后，陈霸先果然坐镇江东，登基为帝，立新王朝曰陈朝。洗夫人目光独到，非常人能及。

舍亲情力平贼寇，哭南陈归命隋朝

陈朝永定二年，即公元558年，冯宝死，岭南一带一时混乱，洗夫人施以威德，于是各方平息，州郡安宁。洗夫人曰："夫死之际，群心猜疑，此时当奉表朝廷，以犬子与各部酋长去面圣，方得巩固。"遂遣儿子冯仆以及各部落首领，前往丹阳朝见陈霸先，彼时冯仆不过九岁孩童。陈高祖陈霸先大为感动，乃封冯仆为阳春太守。岭南与陈朝，相处安然。

太建二年（公元 570 年）二月，广州刺史欧阳纥以恩威著于广东，惹陈宣帝妒忌，心不自安，意欲谋反。陈宣帝派使者安抚，欧阳纥不听，拘禁使者，发兵造反。十月，陈朝派遣将军章昭达讨伐。欧阳纥欲壮大势力，于是召见冼夫人之子、彼时二十出头的冯仆，欲胁其共反。冯仆派人捎信至母亲冼夫人，众人听说冯仆落在欧阳纥之手，都惴惧不安，或劝夫人曰："今冯公子在欧阳纥之手，投鼠尚且忌器，何况夫人之骨肉乎？"皆建议为冯仆之故，暂按兵不动，以求保全。冼夫人毅然道："想我冯家、冼氏受朝廷厚恩，终无二心，今日岂能为黄口孺子之故而辜负国家。"遂不顾家人和部族哭劝，起兵据守本境，且率诸部落首领会合陈朝车骑将军章昭达，平定欧阳纥之乱。冯仆亦安然归来。陈宣帝感冼夫人之大义，厚加御赐，封冯仆为信都侯、石龙太守，且册封冼夫人为中郎将，赠送仪仗规格等同刺史。

本以为岁月静好，从此安享太平岁月。然而在南北朝时，变乱是日常，更替乃平常。公元 584 年，冯仆死。又五

年，公元 589 年，中华历史大变更，隋朝在灭掉北齐，一
统北方后，大军在晋王杨广统率之下，浩荡南下，破长江天
险，袭入建康城，陈后主陈叔宝狼狈出降。长达二百八十余
年之南北分裂，于此告终。岭南听闻，不知所从，乃拥立冼
夫人为圣母，号令全境。冼夫人以为东南一隅，不足以自
立，故国陈朝已灭，岭表当安定静待。

　　隋朝亦知冼夫人之忠心，晋王杨广以陈后主书信晓谕
岭南各部：南陈已亡，各地当听陈主之言，归顺大隋，且附
当年冼夫人所与陈霸先信物，冼夫人见信见物，大哭，曰：
"当年陈武帝于豫章见我，共商岭表事宜及天下大计，言犹
在耳，不料大势已去，天命归隋，思故朝老身焉得不痛彻于

心，为之伤感。"率众为南陈尽哀，告谕各部曰："大陈已
亡，天下归隋，天命所在，吾等归顺。"于是，岭南归于隋
朝。隋朝感冼夫人归顺之功，遂封冼夫人宋康郡夫人。

囚孙儿以正军法，晒隆恩安定岭南

隋虽一时一统南北，然人心未全服。江南各处不安，纷
纷起兵，或集众数千，或聚伙数万，如蜂而起，遍地皆是。
岭南亦不安，番禺头领王仲宣起兵反隋，各处州郡亦呼应，
围困广州，隋朝委派官吏韦洸奋力据守，但寡不敌众，韦洸
中箭死，情势尤为危急。冼夫人急遣其孙冯暄带兵救广州，
然冯暄夹杂私心，因其与王仲宣麾下将领陈佛智有私交，心
想："我若急行进军，昔日老友恐怕不测，吾且彷徨几日，
以待老友有生还喘息之机。"遂拥兵不进，作观望之态，冼
夫人闻之，大怒："汝目无大义，但顾小义私情，实为我冯
氏耻辱，今不听军令，当以军法论事，解职囚禁。"于是解
冯暄兵权，押送回营，另遣孙子冯盎率师前往解围，岭南兵
见冼夫人不顾私情，大义灭亲，又敬又惧，奋力杀敌，叛军
不能抵挡，于是败退如山崩，冯盎诛陈佛智，会师隋朝将军
裴矩，击溃王仲宣部，解广州之围。

广州大势既定，岭南大局尚在起伏中，洗夫人道："反寇虽平，但人心未知，我当与裴将军共巡岭表诸州，以使各州各洞乡民，知大势所趋，民意所在。"于是，已是满头银丝的洗夫人，披坚执锐，骑高头大马，张巍巍锦伞，前后骑兵成群，刀枪罗列，与隋朝将军裴矩并肩巡行岭南各州县，所到之处，皆大声宣告："今日天下一统，南北归隋，我等岭表子民当奉天命，安境内，切莫滋事生扰，望各家转告，各乡守望。"队伍所至，群民皆来，城乡轰动，数十万民皆知天下已为隋朝，岭南已有所属。各处首领纷纷攀山越岭，溯溪过涧，前来归附。遂安心乐业，各自安笃。岭南又复安宁繁荣，一片太平气象。

隋文帝闻洗夫人囚孙平叛事，大为感慨，曰："不料岭表有此巾帼，明大义，有大智，千里之境，赖此而安。"拜冯盎为高州刺史，且赦免逗留不赴战场的冯暄，亦封为罗州刺史。洗夫人夫君冯宝已故，遂追封为广州总管、谯国公。洗夫人则封为谯国夫人，并且予以开幕府之权，即自己可以设置官员和官吏组织。岭南六州兵马，洗夫人可以自己发落调动，如遇仓促紧急之事，可以先自己处理，不必先奏报朝廷。

独孤皇后亦对洗夫人钦佩有加，赐洗夫人首饰及宴服。

洗夫人将朝廷恩赐之物，皆珍而藏之密室。每至佳节年会，则聚集子孙族人，于大庭之中，罗列展示诸般御赐之物，以便众人瞻仰观看，且高声扬于众人曰："此皆朝廷御赐之宝，乃我岭表显荣，今列于众前，不过欲告知诸位，我忠心耿耿侍奉梁、陈、隋三朝，一味只用好心。今皆在此，汝等当明我一片好意，尽心于岭表，尽心于天下，尽心于朝廷，享世世太平。"词意恳切，用心良苦，众人皆感。

憎贪吏上书请命，享高寿传名千秋

冼夫人既坐镇岭南，不耀官威，不矜权势，但爱民养民而已。凡有利于民者，兴而立之；凡有害于民者，憎而除之。隋初，番州总管赵讷贪赃枉法，残害一方，吸民脂民膏以自肥，岭南百姓不堪其暴，恨不与之同尽。冼夫人深知民瘼，痛民之所痛，仇民之所仇，命幕府长史张融上书朝廷，痛陈赵讷搜刮民膏，危害番州，民不堪命矣，请朝廷明察法办。且又献策曰：岭南人心难安，当以仁道安抚，且择吏必廉，养民务厚。隋文帝得奏章，深以为然，派钦差查办赵讷，果然冼夫人所言不虚，赵讷罪证确凿，于是朝廷法办，以服众心。

赵讷既被法办，岭南地方大快人心，冼夫人趁热打铁，亲奉诏书，至岭南各处，不辞辛劳地向汉、俚各族晓谕朝廷除暴安良之意，沟通朝廷地方之心。岭南各族民心稳定，各处晏然。彼时，冼夫人已八十余岁，为岭南生民故，奔走不暇，鞠躬尽瘁，称之圣母，诚不为过。

隋文帝感于冼夫人平定地方之功，又赐其临振邑为汤沐邑，户一千五百。殊荣备至。

冼夫人卒于隋仁寿之初年，隋王朝谥冼夫人为诚敬夫人。

冼夫人于岭南有大恩德，各族尊为圣母。其子孙镇守一方，始终追随大一统王朝，力拒分裂，前后百余年，实为传奇。

冼夫人少年即有大才，一生奉献岭南，当时享令名，身后传青史，且身享长寿，家族繁荣，子孙昌盛，享祭千年，纵观中华之史，巾帼英雄，乃至须眉英雄，能出冼夫人之上者，实不为多。

图书在版编目（CIP）数据

冼夫人成功密码 / 刘黎平著 . —广州：广东人民出版社，
2023. 1
ISBN 978-7-218-16135-8

Ⅰ. ①冼⋯ Ⅱ . ①刘⋯ Ⅲ . ①冼夫人（522—602）—
生平事迹—通俗读物 Ⅳ . ① K828. 5-49

中国版本图书馆 CIP 数据核字（2022）第 190902 号

XIANFUREN CHENGGONG MIMA

冼夫人成功密码

刘黎平 著

出 版 人：肖风华

责任编辑：李力夫
责任技编：吴彦斌 周星奎
装帧设计：安 宁

出版发行：广东人民出版社
地 址：广东省广州市越秀区大沙头四马路 10 号（邮政编码：510199）
电 话：（020）85716809（总编室）
传 真：（020）83289585
网 址：http://www.gdpph.com
印 刷：广东鹏腾宇文化创新有限公司
开 本：880mm×1230mm 1/32
印 张：9 字 数：210 千
版 次：2023 年 1 月第 1 版
印 次：2023 年 1 月第 1 次印刷
定 价：88.00 元

如发现印装质量问题，影响阅读，请与出版社（020-85716849）联系调换。
售书热线：（020）87716172

特别鸣谢　　黄颖　李劲　等老师为本书提供部分图片